Mitología para frikis

Mitología para frikis

C.M. Dutkiewicz

Editions C.M. Dutkiewicz 27370 St Didier des Bois, Francia, 2022
Libro protegido por derechos de autor
ISBN 978-2-490951-19-2, 1ª publicación

Contenido

Introducción

¿De dónde vienen los vampiros*? ¿Quién es realmente Lucifer? ¿Qué es un leviatán? ¿Quiénes son los demonios? ¿Qué es un spriggan? ¿Son todas las brujas Wicca?

Este diccionario, 100% Fan Made, responde a todas estas preguntas y más al abarcar las diferentes mitologías que se encuentran en el mundo de la mitología.

Mitología artúrica

Agravain

Agravain es uno de los hijos de Lot y Morcades. Sus hermanos son Gauvain y Mordred. Es un caballero de la Mesa Redonda. Aunque es un buen caballero, es cruel y envidioso. Es enemigo acérrimo de Lancelot y hará lo que sea para desenmascarar el adulterio de Ginebra y Lancelot, lo que acaba en un duelo entre Agravain y Lancelot, poniendo así fin al ideal caballeresco de la Mesa Redonda.

Anna

Anna es hija de Ygerne de Tintagel, hermana de Arthur. Su padre es el duque de Gorlais o Uther Pendragon, según la fuente. Es la esposa del rey Lot de las Orcadas y madre de Gawain y sus hermanos.
Ana es la madre de los dioses irlandeses, ella misma una diosa madre y nutricia. Su nombre significa abundancia.

Anton / Antor

Antor es el padre de Kay. Se convierte en el padre adoptivo de Arturo cuando Merlín se lo confía.

Arturo (Rey)

Arturo es hijo de Ygerne de Tintagel y Uther Pendragon. Gracias a Merlín, Uther pudo unirse al lecho de Ygerne bajo los brazos de su marido, el duque de Gorlais.

Arturo tiene una hermanastra llamada Anna1 (o Morgades), esposa de Lot, duque de Orcadas. La esposa de Arturo es Ginebra. Arturo es el protagonista de la leyenda artúrica y de los Caballeros de la Mesa Redonda.

La hazaña que convierte a Arturo en rey son sus victorias contra los invasores sajones: las doce grandes batallas que gana delimitan, en el tiempo, las fronteras lingüísticas entre el mundo anglosajón y el mundo celta: Cornualles, Gales y Escocia. Arturo encarna la resistencia bretona (celta) al invasor (sajón).

La primera hazaña de Arturo es sacar la espada de la piedra (a veces es la espada del yacente de su padre). Es el hada Vivian quien entrega a Arturo su legendaria espada: Excalibur (o Caliburne).

Arturo tiene muchos objetos mágicos además de Excalibur: un escudo (que puede, entre otras cosas, transformarse en un puente o un barco), una lanza, un cuchillo y su capa blanca "manipula" lo visible y lo invisible.

Arturo realiza muchas hazañas (matar gigantes, derrotar dragones, ir en busca de objetos mágicos...).

Ginebra es seducida por Lancelot y huye de Camelot con él. Esta fuga no duró mucho, pero fue la causa del declive del reino de Arturo.

Cuando Arturo partió para luchar contra el emperador de Roma, dejó el reino en manos de su sobrino Mordred2. Mordred aprovechó para seducir (o abusar) de la reina y usurpar el trono. Cuando Arturo regresa, lucha contra Mordred para recuperar el lugar que le corresponde. Arturo consigue matar a Mordred pero es herido mortalmente por él. El hada Morgana viene para llevárselo a la isla de Avalon, donde espera el momento en que pueda regresar y devolver a Bretaña su gloria.

- **SAGA TEMPRANA**

Arthur es un niño muy feo, que parece un oso, lo que le da su nombre. Su hermana es Anna y su hermano Kai.

Cuando Arturo va a luchar contra los sajones, comienzan sus hazañas. Conoce a nuevos camaradas que le acompañan.

Arturo intenta robar los cerdos de oro de Tristán, pero no consigue engañarle.

Roba la túnica mágica de Padarn, pero la tierra se desliza y se lo traga. Padarn acepta liberarlo.

Consigue convencer al héroe Carannawg para que dome a la serpiente Carrum.

Arturo gana seis batallas contra los sajones y su tropa de caballeros crece.

Arturo mata a un lobo transformado por su mujer porque era un hechicero malvado.

Arturo va a rescatar al caballero Gwair de una isla misteriosa donde se encuentran el Caldero del Conocimiento y la Abundancia (del que Bedwyr se hace portador) y la Espada mágica Kaledfwlch (Muesca Dura).

Arturo caza a la cerda Henwen, cuyo portador asolará la isla de Môn.

Arturo consigue matar al gigante Ritta, que se había aficionado a cortar las barbas de los reyes para hacerse un abrigo.

Un día, Arthur pasea por un bosque y se encuentra con un hombre con un garrote que le hace la pregunta "¿qué es lo que más desean las mujeres?" y le da un año para responder. Arthur recoge muchas respuestas, todas diferentes. El último día del año conoce a una mujer vieja y fea que le promete darle la respuesta si a cambio acepta casarse con ella. Arturo acepta y da la respuesta "soberanía" al hombre enfadado del bosque. Arturo regresa a casa y cumple su promesa de casarse con la anciana. Es sólo como resultado de este matrimonio y de la elección que Arturo le da que el hechizo sobre Gwennhwyfar (Ginebra) se levanta y se convierte en la hermosa mujer que era.

Arturo consigue liberar a Mabon tras hablar con el viejo Mirlo, el Ciervo, el Búho, el Águila y, finalmente, el Salmón.

Maelwas secuestra al señor Gwennhwyfar en un banquete y se lo lleva a su reino. Arturo, con la ayuda del ermitaño Gildas, va a rescatarla. Muchos hombres (el gigante Karadawg, por ejemplo) secuestran a Gwennhwyfar, pero Arturo siempre consigue liberarla.

Arturo ayuda a su amigo Kulhwch a traer los objetos necesarios para casarse con Olwen.

Arturo intenta quitarle los objetos mágicos a la cerda Twrch Trwyth, pero ella salta al océano porque la soberanía espiritual no es para Arturo.

Edern es el caballero que trae a Gwennhwyfar el maravilloso cuchillo de los gigantes. Gwennhwyfar había prometido una recompensa a quien pudiera traer de vuelta este cuchillo.

Arturo gana la batalla del monte Badon contra los sajones, los pictos y los piratas de Irlanda.

Arthur tiene tres hijos. El primero muere mientras caza a la cerda Twrch Trwyth. El segundo fue asesinado por el propio Arturo en una pelea, pero no lo reconoció hasta después de su muerte. El tercero tenía la costumbre de quedarse dormido junto a sus víctimas después del combate; esto es lo que hizo tras matar al Gigante del Bosque. Kai lo mató mientras dormía para atribuirse la victoria sobre el gigante.

La Dama del Castillo de las Proezas le dice a Arturo que está rodeado de los mejores caballeros del mundo.

Arturo es un personaje principal en la historia de Tristán e Isolda.

Arturo, con la ayuda del druida Eflam, consigue capturar al dragón de Liydaw y lo encadenan.

Durante la ausencia de Arturo, Medrawt (Mordred) saquea Keliwis (Camelot) y viola a Gwennhwyfar. A cambio, Arturo saquea su fortaleza y asola su país. Así nació el odio entre los dos hombres.

Fue durante una batalla en el bosque de Broceliande cuando Arturo perdió a muchos compañeros. Medrawt le ataca en ese momento, es asesinado por Arturo que a su vez estaba mortalmente herido. Acompañado por Gilvaethwy, Arturo se dirige a la orilla del lago. Lanza su espada al lago (ya que nadie es capaz de utilizarla correctamente) y una mano la agarra y la blande tres veces antes de desaparecer bajo el agua. Al quedarse solo, Arturo se embarca hacia Avalon, donde permanecerá bajo la protección de

Morgana en "letargo" hasta el día en que despierte.

Avalon

Avalon significa "la isla de las manzanas" o "el huerto de manzanas". Se dice que se encuentra en las inmediaciones de Ynis Gutrir ("la Isla de Cristal", actual Glastonbury) y que está oculta por la niebla.
Es el reino del hada Morgana.
Cuando Arturo es herido mortalmente por Mordred, Morgana viene y se lo lleva a la Isla de Avalon donde esperará para recuperar el reino de Logres.
La isla de Avalon es una isla con tierras muy fértiles. Sin embargo, cualquiera que coma una manzana fuera de la isla muere.

Ban de Benoïc

Ban de Bénoïc es el padre de Lancelot y Héctor. Es hermano de Bohort de Galia. Bénoîc se encuentra en la Bretaña armoricana. Ayuda a Arturo a derrotar a los barones rebeldes y a Rion, el rey de los gigantes.

Blaise

Blaise es el clérigo a quien Merlín dicta la historia de José de Arimatea, el Grial y sus hazañas.

BOHORT DE GALIA

Bohort de Galia es hermano de Ban de Benoic, padre de Bohort de Galia y de Lionel. Se alía con Arturo para hacer la guerra.

BOHORT DE GAUNES

Bohort es hijo de Bohort de Galia, hermano de Lionel y primo de Lancelot. Es uno de los mejores caballeros de Arturo. Consigue resistir las insinuaciones de la hija del rey Bangrore y mantenerse virgen gracias a un anillo mágico.
Es elegido para participar en la búsqueda del Grial con Perceval y Galaad. Es el único que regresará a la corte de Arturo. Raro superviviente de la caballería artúrica, acabará sus días como ermitaño.

CALOGRENANTE

Calogrenant es un caballero de Arturo. Se cree que es primo (o sobrino) de Yvain. Es el primero en aventurarse hasta la fuente de Barenton. Es asesinado por Lionel tras interferir en un duelo entre Lionel y Bohort.

CAMELOT

Fue la residencia principal del Rey Arturo y los Caballeros de la Mesa Redonda.

Mitología para frikis

Camelot se identificaría con la ciudad de Camulodunum o Cad-
bury.

Caradoc

Caradoc es hijo de Caradoc I y de Ysaive, sobrina de Arturo. A
veces se le hace pasar por el hijo del encantador Eliavres, que se
colocó en el lecho conyugal de Ysaive como una cerda, una yegua
y un perrito, que mantienen relaciones sexuales con Ysaive.
Ganador de dos pruebas, debe sus victorias a su fiel esposa.

Caballeros de la Mesa Redonda

Los Caballeros de la Mesa Redonda son los caballeros de Arturo, que le acompañan en misiones y aventuras. Entre los caballeros famosos figuran Lancelot, Gauvain y Caradoc. Perceval sólo
aparece más tarde (históricamente). El hecho de que la mesa sea
redonda representa la igualdad y la armonía entre los invitados
y un mundo perfecto. La búsqueda del Grial, como misión principal de los Caballeros de la Mesa Redonda, es relativamente reciente (desde la cristianización de la isla).

Caballero negro

El caballero negro es comúnmente un guardián. Se le identifica
con Esclados el Rojo, una deidad de la tormenta.

El caballero negro es el guardián de la fuente de Barenton. Esta fuente, cuya base es una gran esmeralda, es el hogar del hada Laudire y puede ser interrogada para conocer el futuro.

Yvain mata al caballero negro y se convierte así en el nuevo guardián de la fuente y en el esposo de Laudire.

La Dama del Lago / Vivian

La Dama del Lago, comúnmente conocida como Vivian, es la alumna y hechicera de Merlín. Divulga sus conocimientos entre los héroes que cría en sus dominios, en particular Lancelot (del Lago) y sus primos: Bohort y Lionel.

Sus dominios son acuáticos o junto a un lago.

Originalmente, hay varias Damas del Lago/Vivian, que acaban fusionándose en una sola.

La primera es la madrina de Lancelot y lo cría a él y a sus primos en sus dominios y los envía a la corte del rey Arturo para que sean nombrados caballeros.

El segundo es el alumno de Merlín. Merlín le enseña todos sus conocimientos y Vivian la utiliza para encerrar a Merlín en una torre (o mazmorra) porque no corresponde a su amor.

La tercera es la Dama del Lago que entrega Escalibur a Arturo y que surgirá de las aguas para recuperarla cuando Arturo sea llevado por Morgana a Avalon.

Dagonet /Daguenet

Dagonet es un tonto para el Rey Arturo. A veces se le describe como un caballero necio y cobarde. Su locura es incurable y socava la sabiduría de los demás caballeros.

EDERN

Edern es un caballero de la corte de Arturo. Es hijo de Nudd y hermano de Gwynn y Owein, y se le compara con el gavilán. Le acompañan una bella amazona y un enano. Participa en la batalla del monte Badon contra los sajones.

EXCALIBUR

Excalibur es la espada legendaria y mágica que la Dama del Lago regala a Arturo.
Existen varios nombres para esta espada: Escalibur; Excalibur; Caliburne; Kaledwlech (o Caledwlech).
Se dice que su hoja se forjó con una piedra que cayó del cielo.
Cuando Arturo la saca de su vaina y la levanta, unas llamas rodean la hoja.
Cuando Arturo es herido mortalmente por Mordred y se lo lleva el hada Morgana, Arturo arroja su espada al lago. Una mano lo agarra, lo levanta y desaparece bajo el agua.

GILEAD

Gilead es hijo de Lancelot y Elaine (hija del rey Pelee o Rey Pescador).
Es uno de los caballeros de la Mesa Redonda. Es el único que puede sentarse en el asiento peligroso (es el lugar que quedó vacante cuando se creó la Mesa Redonda y que sólo puede ocu-

par el mejor caballero del mundo; cualquiera que se siente en él cuando no debe es fulminado). Es cuando Galaad se sienta en el trono cuando las aventuras de la Mesa Redonda parecen terminar.

Según algunas leyendas, es Galaad y no Percival quien encuentra el grial. Sin embargo, esta visión insoportable le causará la muerte.

El nombre de Galaad es de origen bíblico (duplicación de la a) o secular (relacionado con los gálatas, nombre que los griegos daban a los celtas).

Gauvain

Gauvain es el hijo mayor del rey Lot y de la hermana de Arturo. Agravain y Mordred son sus hermanos. Es uno de los caballeros más eminentes de la Tabla Redonda porque está dotado de todas las virtudes caballerescas. Encarna la lealtad absoluta al rey. Será herido de muerte por Lancelot cuando Arturo regrese del continente para luchar contra Mordred.

Gorlais / Gorlois

Duque de Cornualles, es el primer marido de Ygerne. Gorlais muere al mismo tiempo que Uther, que gracias a la magia de Merlín ha adoptado su apariencia, concibe a Arturo con Ygerne en su lecho de Tintagel.

Grial / Santo Grial

Originalmente, el grial era un plato ancho y poco profundo utilizado para alimentar a un gran número de personas.

Etimológicamente, "grial" se acerca a "galo" en el sentido popular, es decir, no latino.

Sólo más tarde, durante la cristianización del mundo anglosajón, el grial se convirtió en el Santo Grial, el último recipiente en el que comió Jesús y que recogió su sangre.

El grial puede asociarse a otros dos elementos de la cultura celta tradicional: la lanza sangrante y el cortador de plata.

La lanza puede tener un vínculo con la cruentación (un cadáver sangra cuando el autor está cerca) o puede ser una lanza con la punta oxidada. Posteriormente, esta lanza se asocia con la del centurión Longinos, que atravesó el costado de Jesús cuando estaba en la cruz.

El cortador de plata es un plato que se utiliza para cortar la carne antes de servirla. Según una antigua tradición, la comida nunca debe entrar en contacto con el hierro (la lanza), por lo que debe colocarse en un plato de plata (cortador) o de oro (grial).

Según una primera leyenda, el grial lo guarda el lisiado Rey Pescador, que sólo podría curarse si alguien (en particular Perceval) le pregunta por los tres objetos; cosa que Perceval no hace (no quiere parecer curioso o fuera de lugar) y, por tanto, no consigue los objetos.

Según una segunda leyenda, Perceval encuentra el grial pero lo pierde en el camino de vuelta a Camelot.

La búsqueda del grial (y más concretamente del Santo Grial) sólo aparece tardíamente en la leyenda artúrica (la búsqueda del Santo Grial como misión principal de los caballeros de la Mesa Redonda aparece incluso más tarde, en la época de la fusión de los relatos en verso en prosa y de la expansión del cristianismo).

Ginebra

Ginebra es hija de Leodagan y esposa del rey Arturo.

La forma galesa de su nombre es Gwenhyvar.

Ginebra es también la amante de Lancelot, lo que provocará la caída del reino artúrico.

Poco se sabe de Ginebra. Es ante todo una figura simbólica: entre los celtas, toda soberanía es femenina. Al casarse con ella, Arturo obtuvo la legitimidad real.

Cuando Ginebra es secuestrada por Meleagant para llevarla al reino sin retorno, el reino está en peligro. Es Lancelot (su amante) quien vendrá a liberarla, y entregarla a Arturo (parece que la huida de Lancelot y Ginebra tiene lugar en este momento).

Cuando Arturo entra en guerra contra el emperador de Roma, Mordred se apodera del trono y convierte a Ginebra en su esposa (legitimidad real). Tras la lucha entre Mordred y Arturo (y la muerte de éste), Ginebra se retira a un convento (relacionado principalmente con la cristianización de Bretaña, ya que es viuda y ya no tiene legitimidad en el trono, al no haber dado hijos a Arturo).

Héctor des Mares

Héctor es hijo de Ban de Bénoïc y de la hija de Agravadain des Mares. Es hermanastro de Lancelot y morirá de viejo con él.

Hoël de Armorique

Hoël es el rey de Armorique. Es el sobrino de Arthur. Envía 15.000 soldados a Arturo para ayudarle a repeler a los sajones.

Cuando Mordred le traicionó, Arturo regresó a Armórica y delegó sus poderes en el continente en Hoël.

Kay

Kay es hijo de Anton, el hermano de leche de Arthur. Arturo lo nombró su senescal.

En la literatura galesa, Kay es el ejemplo típico del héroe celta. Sin embargo, en versiones más recientes de la leyenda artúrica, Kay es un personaje grosero, fanfarrón y fanfarrón, pero sigue siendo leal a Arturo.

Lancelot del Lago

Lancelot es hijo de Ban y Elaine de Benoic. Fue criado por la Dama del Lago en Avalon, que se convirtió en su madre espiritual y adoptiva. Sólo cuando levanta una piedra, que se convertirá en su tumba, descubre su verdadera identidad. (A veces se dice que Lancelot fue raptado por un hada y criado bajo las aguas de un lago, lo que le convierte en un mutante).

Lancelot es el caballero por excelencia, "valiente, cortés y valeroso", y se le conoce como "el mejor caballero del mundo". Él es quien consigue liberar a Ginebra. Fue secuestrada por Meleagant y llevada al reino de Gorre (un mítico Otro Mundo). Sólo después de una triple batalla con Meleagant, Lancelot consiguió matarlo. Es el caballero de brillante armadura de la reina, de la que está locamente enamorado. Galaad fue concebido mientras pasaba una noche con Elaine, a la que confundió con Ginebra tras beber un filtro.

El romance de Lancelot con Ginebra condujo al colapso y declive del reino artúrico. Denunciado por los hijos de Lot ante Arturo, éste se ve obligado a declarar la guerra a Lancelot, que regresa a su reino. Sin embargo, tras el desastre de Salisbury, regresa a Bretaña para derrocar a los hijos de Mordred y se retira.

El Ankou / Ankou

Ankou es el personaje de la muerte. Tradicionalmente, es el espíritu del último difunto de la comunidad.
La mayoría de las veces es una mujer, pero a veces puede ser un hombre. Tiene el aspecto de un ser alto y enjuto (a veces un esqueleto), vestido con un gran manto negro, que lleva su guadaña boca abajo y llena su carro (chirriante) con las almas de los difuntos. Cuando de repente se detiene junto a una puerta, significa la muerte de uno de los ocupantes. Lleva a los muertos en su barco (bag noz) al Gran Océano Occidental.
Ankou es el antepasado de la siniestra parca medieval.

Leodagan

Leodagan es el rey de Carmelide, padre de Ginebra. Ofrece la Mesa Redonda como dote.

Lionel

Lionel es hijo de Bohort de Gaul, hermano de Bohort de Gaunes. Su nombre se debe a una marca de nacimiento en el pecho con forma de león (signo de realeza). Es criado con Lancelot por la Dama del Lago. Poco después de su nombramiento como caballero, mata a un león.

Lionel siempre se pone del lado de Lancelot, lo que le lleva a luchar contra su hermano. Lionel muere bajo la espada de Mélehan, el hijo mayor de Mordred.

Lote de las Orcadas

Lot es el rey de las Orcadas, hermano del rey Uryan.
Se convirtió en aliado de Arturo cuando se casó con su hermana Ana (a veces llamada Morcades). Es el padre de Gawain, Agravain, Guerrehet, Gaheriet, Clarissant y Mordred. Sin embargo, sólo sería el padre putativo de Gawain y Mordred.

Lothar

En la mitología irlandesa, Lothar es un pastor al que mata el fabuloso toro (Marrón de Cualnge) que tenía a su cargo.

Meleagan / Meleagant

Méléagant es hijo del rey Baudemagu de Gorre. Acudió a la corte artúrica durante las celebraciones del Día de la Ascensión (en torno al 1 de mayo), raptó a Ginebra y se la llevó a su reino. Será Lancelot quien luche contra él y logre decapitarlo después de tres duelos.
Simbólicamente, es la representación de un antiguo rito celta en el que el soberano del verano lucha contra el soberano del invierno (rey de los muertos) para obtener la Reina del Verano.

Merlín

Merlín (o Myrrdhin) es un personaje central de la leyenda artúrica, aunque apareció antes de que ésta existiera. Era una antigua deidad marina (Myrrdhin significa "el que vive bajo el agua") o un viejo rey que enloqueció y vivió en el bosque.
En la leyenda artúrica, Merlín es el vástago de una virgen cristiana y un íncubo (demonio).
 Es el investigador de la leyenda artúrica. Permite que Uther Pendragon, transformándolo en Gorlais (duque de Cornualles), el marido de Ygerne de Tintagel, pase una noche con ella, la noche en que Arturo fue concebido (al morir Gorlais, Ygerne se casó con Uther).
Merlín se convierte en el tutor de Arturo y es uno de sus fieles consejeros.
Según la leyenda, Merlín construyó el emplazamiento de Stonehenge en homenaje a los guerreros bretones que murieron contra los sajones invasores (en realidad, Stonehenge es mucho más antiguo que la leyenda artúrica).
Se dice que Merlín fue quien construyó la Mesa Redonda. Da a Arturo y a sus caballeros muchos consejos sobre cómo llevar a cabo su búsqueda.
Enseña al hada Vivian (la Dama del Lago4) algunos de sus conocimientos. Vivian, por amor, lo aprisiona en la piedra de la que Merlín nunca saldrá.
En su tumba, Merlín enciende un fuego que sólo se apagará cuando muera el rey Arturo.

Mordred

Mordred es o bien hijo del duque de Orcane y de la hermanastra de Arturo, o bien hijo del incesto entre Arturo y su hermanastra. Cuando Arturo se marcha para luchar contra el emperador de

Roma, Mordred aprovecha la situación para seducir (o abusar) de Ginebra y usurpar el trono a Arturo.

Cuando Arturo regresa, lucha contra Mordred para ocupar su lugar. Durante esta lucha, Mordred es asesinado por Arturo, que a su vez resulta mortalmente herido.

Morgana el Hada / Morgana le Fay

Al igual que Merlín, Morgana es un personaje importante de la leyenda, aunque parece ser anterior a ella. Su nombre (Morgana -> mori-gane) significa "nacida del mar", lo que la convertiría en una antigua deidad marina o, bajo el nombre de Morrigan (mor-rigain), en una deidad irlandesa de la guerra.

En la leyenda artúrica, Morgana es la soberana de Avalon. Es un hada con gran poder (a veces se la asocia con la Dama del Lago, Vivian, pupila y carcelera de Merlín). Según algunas leyendas, también es hermanastra de Arturo y madre de Mordred (parece que la unión de Arturo y Morgana fue involuntaria por parte de ambos; hay muy poco material escrito relativo a esta parte de la leyenda).

Tiene dones tanto de sanadora como de mortal. Ayuda a los caballeros (como benefactora, proporciona a Yvain un ungüento para curarle de su locura) tanto como participa en la decadencia del reino de Arturo (es ella quien revela a Arturo la relación adúltera entre Lancelot y Ginebra por celos de Lancelot, que la rechazaba por sus sentimientos hacia Ginebra).

Cuando Arturo es herido de muerte por Mordred, Morgana viene a llevárselo a la isla de Avalón hasta que pueda volver a gobernar Bretaña.

Tras la cristianización de la isla de Bretaña, Morgana se convierte en la enemiga de Arturo, la mujer fatal y tentadora, pupila del diablo y malvada ella misma.

PERCEVAL

Perceval es hijo del rey Pellinor. Cuando su padre muere, su madre lo cría en el bosque para protegerlo. Sale a descubrir el mundo (probablemente después de ver pasar caballeros) y se convierte en caballero.

Durante sus aventuras, encuentra el grial pero no es "digno" de recibirlo (conoce a un pescador que le invita a su castillo donde se exponen los tres objetos sagrados, a saber, el grial, el alfanje y la lanza, pero Perceval no hace ninguna pregunta, por lo que no puede curar al Rey Pescador y obtener el grial), o encuentra el grial pero lo pierde en el camino de regreso a Camelot.

Perceval puede asociarse con el mítico personaje celta Finn.

El nombre de Perceval significa "el que traspasa el secreto del valle", lo que le convierte en la persona predestinada a traspasar el misterio del valle (o del grial). Sin embargo, el nombre Perceval (no celta) es similar (tanto etimológica como mitológicamente) a Percivelle (Sir Percyvell of Gales) en inglés y Peredur en galés.

Como tercer hijo de tres varones, está "predestinado" a encontrar los objetos sagrados.

UTER PENDRAGON

Uter Pendragon es el tercer hijo del rey Constant y tiene por hermanos a Monk y Pendragon. Añadirá el nombre de su hermano al suyo propio cuando le suceda en el trono del reino de Logres tras su muerte (etimológicamente, Uter Pendragon es una mezcla de celta y latín que significa "el terror con cabeza de dragón").

) Es gracias a Merlín que Uter consigue seducir a Ygerne tomando los rasgos de su marido Gorlais. Aquella noche Arthur fue concebido. Cuando Arturo muere, Uter se casa con Ygerne y le da una hija. Uter es asesinado por los sajones.

YGERNE

Ygerne es la madre de Arthur. Su primer marido fue Gorlais, pero murió cuando Uter ocupó su lugar en el lecho de Ygerne y concibió a Arturo. Su principal ocupación es hilar y tejer.
Se dice que tiene orígenes de hada. Su pelo cae hasta la cintura en una trenza (las hadas necesitan su pelo para emerger de las plantas y tomar forma humana), hila y teje como las Parcas y su nombre de mujer-pájaro (Ygerne, Ygraine, por gigren que significa ganso salvaje en irlandés antiguo).
La historia de la mujer pájaro que teje magníficos tapices está muy extendida en Eurasia).

YVAIN, CABALLERO CON LEÓN

Yvain es hijo del rey Urien y de una lavandera de la noche concebida en la noche de Samain. Nació el 1 de agosto. Le acompaña un león al que rescató de una serpiente. Es un caballero de la Mesa Redonda.
Es él quien consigue derrotar al caballero negro y se une a la Dama de la Fuente (el hada guardiana de las aguas, venciendo así la sequía).

Mitología celta

Banshee y/o Banshid

Las Banshees son las mensajeras del Otro Mundo, las "hadas" del Destino; suelen viajar en forma de cisne, y casi siempre en pareja. Como magos, son más poderosos que los druidas, pero utilizan sus conocimientos principalmente por amor.
Las Banshid, es decir, las Mujeres Sidh, son las mujeres que vienen a buscar a los hombres para llevarlos al país de la "Eterna Juventud": el Otro Mundo6.

Black Shuck

El Black Shuck es el nombre que recibe el perro negro en East Anglia, Inglaterra.
El perro negro puede representar la muerte en la mitología celta. Se le describe como un perro negro del tamaño de un ternero, de pelo rizado y desgreñado y ojos grandes y brillantes. Se llama "moddey dhoo" o sabueso infernal. El perro negro también puede ser un símbolo de caza y acecho. El perro también se encuentra como símbolo de curación, debido a su capacidad para curarse lamiendo sus heridas.

Camulus - Camulos

Dios de la guerra o "campeón", es el "poderoso" (similar al Marte galorromano).
La radical Kam: "curva", le convertiría en "el tortuoso, el calculador", un personaje "maquiavélico" antes de tiempo.

Perro negro / Chien noir

El perro negro puede representar la muerte en la mitología celta. Se le describe como un perro negro del tamaño de un ternero, de pelo rizado y desgreñado y ojos grandes y brillantes. Se llama "moddey dhoo" o sabueso infernal.
El perro negro también puede ser un símbolo de caza y acecho.
El perro también se encuentra como símbolo de curación, debido a su capacidad para curarse lamiendo sus heridas.

Cliodna

Cliodna es una diosa irlandesa de gran belleza. La acompañan sus tres pájaros (cuervos o grullas) que se alimentan de las Manzanas Maravillosas, cuyo canto trae el sueño eterno.
Es una de las tres hijas de Manannan y vive feliz en Tir Tairngire (la Tierra de Promesas) hasta que Ciabhan llega para conquistar su corazón. Ciabhan lleva a Cliodna a la tierra de los mortales, a Glandore, en Irlanda. Un día que salió de caza, Manannan envió una gran ola a Glandore que ahogó a Cliodna mientras dormía.
Entonces se convirtió en diosa del Más Allá. No fue hasta que se separó de Ciabhan cuando sedujo a muchos jóvenes y tuvo muchos amantes mortales.
Se convierte en la "banshee" de la familia MacCarthy y se cree que les ha revelado el secreto de la Piedra de Blarney.

Druida

Los druidas pertenecían a una clase social alta que incluía a bardos, poetas y adivinos. Conocían las plantas y sus usos. En la Galia, actuaban como educadores y practicaban numerosos ritos (el de la recolección del muérdago es el único que conocemos). En Irlanda, los druidas son todos magos. Evocan el pasado y predicen el futuro. Tienen un papel de sanadores.

Ellyllon

Ellyllon es un ser de hadas muy parecido al elfo escandinavo. Son pequeños seres de hadas que se alimentan de setas venenosas llamadas mantequilla de hadas. El ellyllon conoce la magia y se considera solitario.

Duende

Los duendes tienen su origen en el folclore irlandés. La imaginería popular los ve como "duendes" que custodian el oro y sus tesoros se encuentran al pie del arco iris. El duende está más estrechamente relacionado con el cluricaune (un ser de hadas que fuma, bebe y vive en sótanos) y el far darrig (un duende travieso que tiene la capacidad de parecer más grande de lo que realmente es).

Mab / Reina Mab

Mab, o Reina Mab, es la reina de las hadas en el folclore inglés. Es un personaje jocoso pero bastante benévolo. Mab es la reina de los Ellyllons.

En la literatura, Shakespeare hace de ella un hada comadrona con el poder de liberar a los hombres de sus sueños. En el poema de Drayton Nymphidia (1627), es la esposa de Oberón y reina de las pequeñas hadas.

Mab será sustituida en su papel de reina de las hadas por Titania.

Pixies

Los duendecillos son hadas del folclore inglés. Estas criaturas rondan colinas, ríos y bosquecillos. Les gusta llevar por mal camino a los viajeros solitarios. El duendecillo parece un hombrecillo reseco con traje verde que bate el grano mientras monta a caballo. En Somerset es robusto y terrenal, mientras que en Devo es frágil, blanco y desnudo.

Grannvs - Grannos

Grannos es el nombre principal de Belenos, el dios de la luz y la beneficencia, pero también puede ser el nombre de un dios por derecho propio.

El nombre sugiere una función como dios de la juventud, en edad de llevar barba y portar armas.

La etimología irlandesa de su nombre (grian ? sol) parece debilitarse por los elementos galos que indican que Grannos es un dios adulto, barbudo y con bigote. Este dios tiene un aspecto relacio-

Mitología para frikis

nado con las aguas sagradas, con poderes curativos.
Ciertos lugares denominados "Grand Font" parecen evocar su antigua presencia.

Kelpy / Kelpie

El kelpie es una criatura acuática con forma de caballo. Al principio vive en las aguas tumultuosas, pero más tarde se convierte en habitante de todas las aguas.
Es un ser malévolo y maquiavélico. Una vez que el viajero está sobre su lomo, el kelpie sale al galope y se zambulle en el agua para ahogar al incauto humano que ha montado sobre su lomo.
El kelpie entra en el agua con un sonido atronador y un relámpago lo hace desaparecer.
A veces puede adoptar forma humana y en este caso devora a sus víctimas en tierra. Los seres que conocen la magia pueden esclavizar a un kelpie.

El Ankou

El Ankou es el personaje de la muerte, un hombre alto y demacrado (a veces un esqueleto), vestido con una gran capa negra, que lleva su guadaña boca abajo y llena su carro (chirriante) con las almas de los difuntos.
Lleva a los muertos en su barca (bag noz) al Gran Océano Occidental.

Macha

Macha es una diosa irlandesa de la guerra. Junto con Badb y Morrigan, forman las Morrigna, las diosas guerreras oscuras.
Su asociación con los caballos la vincula a la diosa Epona. De hecho, el caballo de Cuchulainn se llamaba Liath Macha.
Era una diosa soberana.

Mahg Mar (Puerta)

Irlanda. La "Llanura del Placer" o la "Gran Llanura", que se refiere al Otro Mundo.

Morigane

Es la diosa del amor físico y de la muerte, así como de la furia guerrera. Es una de las figuras fundamentales de la mitología celta y, sobre todo, irlandesa.
Es el cuervo de la batalla (comparte rasgos con Atenea/Minerva en sus funciones).
También se la considera consorte del Dagda (dios supremo).
Su reluciente tripulación, impresionante, la asocia tanto a la función guerrera como al mundo de los muertos. Durante las batallas, se metamorfosea cuando se la invoca imitando el grito del cuervo.
Sus aspectos son múltiples: una mujer de gran belleza o una vieja bruja. Viste de rojo en la batalla (el color de un guerrero): su rostro, sus cejas, sus ropas, su carro y su caballo (de una sola pata) son rojos.
Poetisa y satírica, profetiza las desgracias venideras que traerán

     Mitología para frikis

el fin del mundo;
Cada día de Samaín (1 de noviembre), la diosa se baña en el río Unius y une sus fuerzas a las de Dagda, que la protege de sus enemigos.
Los cráneos de los guerreros asesinados se llaman "bellotas de Morrigann". Quizá por eso también se la llama Reina de los Fantasmas o de los Espectros.
Parece que Morigane es una antigua forma/modelo del hada Morgana.
Nemeton
Nemeton es una palabra gala que designa un lugar sagrado, un santuario. El nombre se dio a un bosque sagrado de Inglaterra durante la Edad Media. Un santuario de roble se llama a veces Drunemeton. Este nombre se dio a varios lugares de la Península Ibérica.
Nemetona es la diosa de la tierra sagrada en Galia y Bretaña. En la época galorromana se la asociaba con el dios Marte. Los que la adoraban se llamaban Nemetes.

Gorra roja

El gorro rojo es un duende escocés. Guerrero feroz, su boina chorrea la sangre de sus enemigos.
Su físico es bastante peculiar. Se le describe como alto, demacrado, con la piel como el cuero y sin pelo en la parte superior de la cabeza. Tiene los ojos llameantes y la boca llena de dientes afilados.
A pesar de que lleva botas de hierro[8] , la gorra roja es muy rápida. Es muy improbable que un hombre pueda escapar de él, a menos que sea lo bastante rápido para recitar unos versículos de la Biblia.

Ronan

Ronan es un nombre común en Irlanda desde que un famoso rey lo llevó.

Era el Rey Ronan de Leinster. Su hijo, Mael Fothartaig, era uno de los jóvenes más famosos del país. Los hombres se inclinaban a sus pies y las mujeres soñaban con compartir su lecho.

Ronan se entristece por la muerte de su esposa Eithne y su hijo le aconseja que vuelva a casarse, preferiblemente con una mujer de su edad. Ronan eligió casarse con la hija menor del rey Eochaid. Cuando Ronan trajo a su mujer a casa, ella se enamoró perdidamente de Mael Fothartaig. Ella le rogó que fuera a compartir su cama, pero él se negó. Ella se puso furiosa y le acusó de intentar forzarla. Debido a un malentendido, Mael Fothartaig fue asesinado por su padre porque no tuvo tiempo de demostrar su inocencia.

Selkies

Mitología celta
Los selkies son criaturas acuáticas que viven en el norte de las islas de Bretaña. Pueden confundirse con focas. Pero en realidad son mujeres muy bellas que en las noches (sobre todo de luna llena) abandonan su piel acuática y vienen a pisar tierra firme.

Sluagh

Los Sluagh son hadas celtas. Son los espíritus de los muertos sin descanso. Pueden acercarse por todos los lados excepto por el este. Suelen aparecer en forma de vuelo de un pájaro gris.

Aunque a veces rescatan a un hombre del borde de un acantilado y lo llevan de isla en isla, evitan mezclarse con los hombres. Sólo pueden verse tras la puesta de sol. A veces hieren al ganado cuando están disgustados.

Samaín / Víspera de Todos los Santos

Samain, o Samonios para los galos, es uno de los cuatro grandes festivales druídicos, y a menudo considerado el más importante. Situada el 1 de noviembre, marca el final del año y el comienzo del siguiente, así como el final de la estación "luminosa" y el comienzo de la estación "oscura".
Es un tiempo fuera del tiempo en el que los distintos mundos pueden comunicarse y, en particular, el mundo de los muertos con el de los vivos.

Tristán e Yseult

Tristán e Isolda nos cuenta una historia de amores imposibles antes de que Shakespeare los trasladara a Italia.
Cuando una paloma deja caer un cabello de Yseult en el alféizar de la ventana del rey Marcos, éste decide que sólo se casará con la dueña de la ventana. Mark envía a su sobrino, Tristan, a buscar a Yseult.
Cuando los dos jóvenes se conocen, es amor a primera vista. Pero Tristán es un hombre de honor y no busca a Yseult para sí mismo, sino para su tío. Además, Yseult se entera de que fue Tristán quien mató a su traidor tío (o padre).
En el viaje de regreso, Tristán e Yseult, a causa de una poción,

consuman su amor. Cuando llegan al puerto, Yseult se casa con Marc y Tristán se casa con Yseult con las manos blancas, pero no consuma su matrimonio.

Celosa de la verdadera Yseult, ésta provoca con sus manos blancas la muerte de Tristán haciéndole creer que Yseult no regresó con vida del viaje que había emprendido. Una vez en tierra, Yseult muere al ver a su amante muerto.

Tuatha

Los Tuatha De Danann son un pueblo mítico de deidades de las "Islas del Norte del Mundo". Se asentaron en Irlanda e impusieron su panteón (dioses, diosas y héroes), que se convirtieron en los instructores de la magia, la ciencia y el druidismo.

Se autodenominan el Pueblo de la Diosa Dana, cuyo nombre hace referencia directa a su función: pueblo, divinidad y arte.

Los Tuatha poblaron el mundo celta hasta que perdieron la batalla de Tailtiu y se refugiaron en el inframundo, convirtiéndose en el pueblo de los Sidh.

Por su naturaleza y su historia, estas personas son divinizadas. Su inmortalidad está asegurada por su alimento, que es mágico, procedente del Caldero de la Abundancia de la Dagda.

El número cuatro parece tener una gran importancia simbólica:

- Los Tuatha proceden de las Cuatro Islas del Norte del Mundo;

- Los Cuatro Druidas Primordiales trajeron las Cuatro Reliquias Sagradas;

- Las Cuatro Reliquias Sagradas: el Caldero de Dagda, la Espada de Nuada, la Lanza de Lug, la Piedra del Fracaso;

- Las cuatro grandes fiestas celtas: Imbolc, Beltaine, Lugnasadh y Samain.

Caza salvaje / Chasse infernale

En la mitología celta, las hadas a veces abandonaban sus hogares y cabalgaban salvajemente por la tierra, donde arrebataban a la gente de sus casas y se los llevaban. En Gales, el comandante de la caza infernal se llama Gwynn Ap Nudd, el Rey de los Muertos. Le acompañan sabuesos rojos, llamados Cwyn Annwn. Cabalga sobre las nubes de tormenta para recoger las almas de los recién fallecidos y llevarlas al más allá. En Escocia, se dice que el Rey Arturo cabalga sobre las nubes de tormenta con la Caza Infernal y los Sluaghs.

Es peligroso ver pasar a los jinetes de la Caza Infernal, salvo para aquellos que han tomado la precaución de colocar una rama de serbal en la puerta.

Los Ghost Riders se llaman Ghost Riders.

Demonología

Abbadón / Abaddon

Abbadon es el destructor.

Es el líder de los demonios de la séptima monarquía.

Abbadón es a veces el nombre del ángel de la destrucción en el Apocalipsis.

El término Abbadon se refiere, en un sentido amplio, a la destrucción y la perdición. A veces Abbadon se refiere al Seol, la morada hebrea de los muertos.

Abraxas

Abraxas (o Abracas) es originalmente un dios asiático.

Se le representa, sobre todo en amuletos, con cabeza de gallo, patas de dragón y un látigo en la mano.

Los basilidianos (herejes del siglo II) lo consideraban su dios. Las siete letras griegas que forman su nombre dan el número 365, y lo asociaban a los días del año, sobre los que los genios presidían cada día (cada día tiene una virtud, por lo que una virtud se asocia a un genio concreto).

Alastair / Alastor

Alastor es el ejecutor supremo de las sentencias dictadas por el rey del Infierno.

Es un demonio severo.

Como ejecutor, asume las funciones de Némesis.

Zoroastro lo llama el Verdugo.

Orígenes, por su parte, dice que Alastor es uno de los muchos nombres de Azazel.

A veces se hace referencia a Alastor como el ángel del exterminio.
Idioma
En la antigüedad, a los genios malignos se les llamaba alastores.

Andras

Andras es un gran marqués de los bajos fondos.
Se le representa con cuerpo de ángel, cabeza de gato fantasma, una espada afilada en la mano y montado en un lobo negro.
Enseña a estos privilegiados a matar a sus enemigos, amos y siervos.
Andras es el que aumenta la discordia y las peleas.

Asmodeus

Asmodeus es un demonio destructor, superintendente de la casa de los juegos. Siembra el error, la desorientación y la falta de concentración.
Es una serpiente (a veces asociada con la serpiente que sedujo a Eva) que tiene el poder de restaurar su cuerpo cuando ha sido cortado.
Cuando está en el inframundo, se le representa con tres cabezas: una de toro, la segunda de hombre y la tercera de carnero. Tiene cola de serpiente, patas de ganso y aliento inflamado.
Su montura es un dragón.

- **Mitología judeocristiana**

Algunos rabinos asocian a Asmodeo con Samael y dicen que Asmodeo destronó a Salomón. Pero Salomón consiguió ponerle grilletes y le obligó a ayudarle a construir el templo de Jerusalén.

Azazel

Azazel es un demonio de segundo orden.

Es el guardián de la cabra.

En la fiesta de la expiación que celebraban los judíos, llevaban dos machos cabríos al Sumo Sacerdote. Uno era para Dios y luego era sacrificado por el fuego. El segundo recibió todos los pecados del pueblo y fue llevado al desierto, donde fue liberado. La cabra de Azazel también se llama chivo expiatorio.

Azazel es también el portaestandarte de los ejércitos infernales.

El hereje Marcos utilizaba el nombre del demonio Azazel para realizar su magia.

Idioma

El chivo expiatorio es la persona señalada como responsable de una mala acción.

Baliel / Belial

Belial es un demonio adorado por los sidonios.

Su alma es horrible y está llena de vicios, pero su aspecto es muy seductor.

Se dice que Salomón consiguió encerrarlo a él y a sus legiones en una gran botella que escondió en el fondo de un pozo y enterró cerca de Babilonia. Los babilonios, pensando que habían encontrado un tesoro, bajaron al pozo y rompieron la botella, lo que liberó a las legiones. Baliel, temeroso de volver a ser encerrado, se refugió en un ídolo hueco y dio oráculos. A partir de ese momento, fue adorado por los babilonios.

Baltazo / Baltasar

Baltazo es un demonio de la posesión de Laon.
Cuando come, bebe muy seco (de hecho, el agua es contraria a los demonios).

Barbas / Marbas

Barbas es el gran presidente de los bajos fondos.
Se le representa como un león furioso.
En presencia de un exorcista, toma forma humana y responde sobre cosas ocultas.
Es un demonio con muchos aspectos, ya que causa enfermedades pero también da el conocimiento de las artes mecánicas.
Tiene el poder de metamorfosear al hombre de muchas maneras (muchas formas).

Cambión

Los cambiones son hijos de demonios. Este nombre se asocia principalmente a los niños nacidos de la unión de un súcubo y un íncubo.
Los cambiones son seres feos, más pesados de lo que son y con un apetito gargantuesco, pero nunca gordos.
Algunos dicen que los cambiones rara vez viven más de siete años.

Dagon

Mitología para frikis

Dagon es el panadero y fabricante de pan de la corte infernal.
Es especialmente venerado por los filisteos, que lo representan
con el busto de un hombre unido a la cabeza de un pez. Le atribuyen la invención de la agricultura. Se dice que los filisteos,
tras robar el Arca de la Alianza a los israelitas, la colocaron en el
templo de Dagón. Al día siguiente, encontró la estatua de Dagón
destrozada en el umbral del templo. Desde entonces, nadie ha
pisado el umbral del templo.
En Birmania, especialmente en Pegu, se considera a Dagon el
dios creador que creará un mundo más bello cuando los kiakias
(enemigos de los birmanos) lo hayan destruido.

ELÍGOR / ABÍGOR

Abigor es un demonio superior, gran duque de la monarquía
infernal. Es el jefe de sesenta legiones.
Abigor aparece como un apuesto jinete, portando una lanza o un
cetro.
Conoce todos los secretos de la guerra y conoce el futuro.
Los señores de la guerra lo invocan a menudo cuando quieren
que sus soldados lo amen.

HÉCATE

- **DEMONOLOGÍA:**

Hécate es el demonio que preside las calles y las encrucijadas.
En los bajos fondos, se encarga de vigilar la "vía pública".
Está representada con tres caras: una de caballo (derecha), una
de mujer (centro) y una de perro (izquierda).
Su presencia en la tierra la hace temblar, los incendios estallar y
los perros aullar.

- **Mitología grecorromana:** Cf. Hécate

Shax / Scox / Chax

Chax es el duque y gran marqués del inframundo.
Tiene una voz ronca y una mente propensa a mentir. En presencia de un exorcista, miente si no está encerrado en un triángulo y dice la verdad (sobre cosas sobrenaturales) si lo está.
Cumple todas las órdenes que se le dan a condición de verse obligado a actuar en el momento.
A menudo aparece en forma de cigüeña.

Súcubos / Íncubos

Los súcubos son demonios que adoptan la apariencia de bellas mujeres. Seducen a los hombres y, cuando consiguen tener un hijo, huyen con él.
El íncubo es la contrapartida masculina del súcubo.

Mitología egipcia

Abydos

Abydos (en griego) = Abdjou (egipcio antiguo) : ciudad del Alto Egipto.
Ciudad construida a las puertas del desierto.
Presencia de numerosas tumbas reales, rodeadas de tumbas más pequeñas (miembros de la familia real y cortesanos).
El prestigio de Abidos procedía del hecho de que se había convertido en la ciudad de Osiris, una ciudad de peregrinación para el culto de Osiris: allí se conservaba su cabeza.

Alejandría

- **Mitología / Historia**

Ciudad construida a partir del 330 a.C. por Dinacrates a petición de Alejandro Magno.
Una calzada unía la ciudad con la isla de Pharos, sobre la que se construyó la torre para señalar a los barcos la presencia del puerto cercano; de ahí el nombre de esta estructura/función: Faro. Estos puertos (uno a cada lado de la calzada) se convirtieron en el almacén de Egipto, así como en el centro neurálgico del tráfico entre el Mediterráneo y Grecia, por un lado, y la India, África y Arabia a través del Mar Rojo, por otro.
La ciudad se convirtió en la capital de Egipto (con la dinastía de Ptolomeo) y construyó numerosos monumentos: el Soma (monumento donde se guardaba el cuerpo de Alejandro Magno), el museo, la biblioteca11 , el Serapium (templo de Serapis, forma divina nacida tardíamente de una amalgama entre Osiris y Zeus), el teatro, el gran mercado y el templo de Isis.
Hasta el año 30 a.C., cuando pasó a formar parte del Imperio Romano, Alejandría fue la capital de Egipto, pero también la capital intelectual del mundo antiguo, creadora de modas y reina de las artes. Conservó su prestigio hasta el siglo V, cuando el cristia-

nismo se impuso por la violencia y causó mucha destrucción. La invasión árabe en 641 fue el golpe final.

Amon

Este es el dios al que se rindió culto durante más tiempo en Egipto.

Originalmente, un pequeño dios (del viento y de los barqueros) de Tebas, fue adquiriendo importancia hasta suplantar a Montu como dios protector de Tebas. Luego se convirtió en patrón de la monarquía, donde su culto se desarrolló en torno al templo de Karnak.

Amoneth es el doble femenino de Amón. Khonsu (la forma divina local) se les asocia como un hijo.

La oca y el carnero son los animales que representan a Amón.

Se le añadió un personaje solar en forma de Amón-Ra.

Bajo la forma de Amenemope, acude cada año al templo de Luxor para unirse a la diosa Ipe durante la estación de las inundaciones.

Las serpientes primordiales Irto y Kematf fueron sus primeras creaciones cuando creó el universo de la nada.

Amonèth

Forma femenina asociada al dios Amón, representada como una mujer con una corona roja (presentada como la madre del rey difunto en los textos funerarios).

Asociada a Ipêt, vivía en el templo de Luxor.

Anmet / Amsèt

Amsèt (o Imsèt) es uno de los cuatro hijos de Horus. Amsèt es un ser androcefálico.
Vigila con Isis el vaso canopo que contiene el hígado del difunto.

Anubis

Hijo del incesto entre Osiris y Neftis, que provoca los celos de Set. Anubis es representado como un hombre con cabeza de cánido (principalmente chacal).
Ayuda a Isis a resucitar a Osiris (su padre), lo que le convierte en maestro de embalsamadores, guardián de las necrópolis y vivificador de los muertos. Facilita la ascensión de los muertos a las regiones celestes y protege su envoltura material.
Es responsable de la duración de la vida de los muertos: al velar por la conservación del cadáver, impide la destrucción de la envoltura corporal, que es sinónimo de muerte definitiva.

Apophis

Dios del caos primordial, representado por una serpiente, que busca destruir la obra divina.
Es el símbolo (en forma de serpiente) del peor de los peligros que acechan a la creación.
Se manifiesta en los momentos críticos de la noche para intentar hacer zozobrar el barco del sol. Cada mañana y cada tarde, cuando es herido por Ra, su sangre tiñe de rojo el cielo.
A menudo se le representa atado o atravesado con un cuchillo, proceso que aniquila sus poderes. Sin embargo, nunca es des-

truido porque su propia existencia está ligada al universo que amenaza (oposición del bien y del mal, pero el equilibrio se preserva para mantener el mundo).

Es uno de los dos grandes poderes malignos del antiguo Egipto; el segundo es Set, con quien a veces se le asocia.

BASTET

Bastet aparece en forma de gato o leona. Más tarde se la representa con cabeza de gato sobre cuerpo de mujer.

Se la considera el ojo o la hija del sol y es la forma misericordiosa de la peligrosa diosa. Es la diosa músico de la alegría y patrona del hogar.

DEVER / RESHEPH

Resheph es el dios sirio del rayo y el trueno.

Se le describe como un guerrero que lleva un escudo y una lanza en la mano izquierda y un garrote en la derecha.

Su animal, la gacela que adorna su frente, simboliza su dominio sobre el desierto.

Se encuentra en Egipto, principalmente en las zonas donde vivía la mano de obra procedente de Asia.

GIZA

Aquí se encuentran las tres grandes pirámides de Egipto. Estas pirámides se llaman Keops (o Chephen), Kefrén (o Kephen) y Micerino. Son las tumbas de tres grandes faraones.

El yacimiento se completa con otras pequeñas pirámides, así como con la famosa esfinge.

La configuración del yacimiento plantea numerosos interrogantes y se barajan hipótesis sobre su función (posible correlación con la constelación de Orión, reloj planetario...).

Harcésis / Horsaïsis

(Horsaîsis, que significa Horus, hijo de Isis). Es la forma juvenil de Horus, que subraya sus vínculos con su madre (la diosa Isis). Entre los diferentes aspectos de Horus, Harsaisis es el que asume las funciones de heredero de Osiris y del trono de Egipto.

Hathor

Diosa del amor y la alegría, se la representa con una mujer con cabeza de vaca o una mujer que lleva un cuerno de vaca, entre los que se representa el sol. Considerada la hija de Ra (y a veces su esposa), puede aparecer como una Diosa Peligrosa, un ojo del sol o una temible leona.

Dama de los Sunai por su papel protector, vigila las expediciones de canteros que van allí a extraer la turquesa.

Es la patrona de la música y encarna el eros, que permite la renovación de todas las formas de vida (vegetal, animal, humana y divina). En forma de vaca, acoge a los muertos en el otro mundo y los protege antes de engendrarlos en el universo de lo invisible. Cada año, se une a Horus para que su matrimonio garantice la fertilidad del país. Su unión engendra a Ihi (joven dios músico, representado en la desnudez de la infancia. Facilita el viaje de los muertos en los textos funerarios) o Harsomtous (una forma juvenil de Horus).

HELIÓPOLIS

Iounou en egipcio ("ciudad del pilar" / "ciudad del sol").
Ra era la deidad tutelar, encarnada en el ave fénix y en el toro Mnevis.
La ciudad desempeñó un importante papel espiritual en el Reino Medio y Nuevo. Las especulaciones de los sacerdotes de Ra crean la gran Enéada (los nueve grandes dioses de Egipto: Ra, Shu, Tefnut, Geb, Nut, Osiris, Isis, Set y Neftis) y una cosmogonía que otorgó a Heliópolis un papel protagonista en la historia religiosa de Egipto.
La ciudad decayó en el periodo tardío y estaba en ruinas en la época de la conquista romana. Los obeliscos permanecieron allí, y parece que el de Roma, en la Plaza del Pueblo, procedía de Heliópolis.

HORUS - HERU'UR

Horus tiene varios nombres según la época de la vida y lo que pueda representar:
Harpócrates (Horus de niño) - Horus necesita a su madre para crecer y vivir. Un día le pica un escorpión e Isis le cura con magia. Se le puede representar como vencedor de los animales venenosos, de pie sobre un cocodrilo en las estelas de los curanderos (entonces asociadas al dios Shed). Heredero de Osiris, encarna la permanencia de la función monárquica. La imagen de Isis amamantándolo sentada en su regazo se convertirá en la iconografía de la Virgen con el Niño.
Harsomtous (Horus que une las dos Tierras) Forma de Horus niño, que subraya su función real.
Hornedjitef (Horus que cuida de su padre)
Harsaisis (Horus, hijo de Isis) - asume las funciones de heredero de Osiris y el trono de Egipto

Haroëris (Horus el antiguo / el grande) - es un gran dios celestial que se manifiesta en un halcón. Es el principal representante de los aspectos solares de Horus (por oposición a las formas más jóvenes).

Como Horus, es la mayor expresión de la divinidad solar. Es el señor del cielo. Horus está representado con cabeza de halcón.

El Horus adulto, en el apogeo de su resplandor, es la expresión de lo divino en plena posesión de sus medios (bélicos y sexuales). El adolescente Horus reclama la herencia de Osiris, que sólo puede obtener luchando contra Set para convertirse en adulto y tener su herencia tras el juicio divino.

El joven dios es el que reúne las fuerzas divinas esenciales y el mantenimiento de la vida. Cuando este equilibrio se restablece, Osiris encuentra su lugar definitivo convirtiéndose en el soberano del más allá.

Horus es el prototipo de los reyes terrenales (los monarcas son considerados Horus entre los hombres). A su muerte, se convierten/están destinados a convertirse en Osiris, mientras que sus hijos se convierten en el nuevo Horus al acceder al trono. Junto con su "eterno" adversario Set, forman una pareja inseparable cuando se trata de luchar contra los enemigos de Egipto.

İMHOTEP

- **MITOLOGÍA**

Arquitecto y médico del rey Djesea, fue responsable del complejo funerario de su soberano, el primer monumento construido íntegramente en piedra en Egipto.

Tradicionalmente inventor de la ciencia médica, fue divinizado en el periodo tardío y se le consideraba hijo de Ptah.

Se convierte en un dios por derecho propio y no en el objeto de una simple deificación.

Se le representa como escriba, con un rollo de papiro desenrollado sobre las rodillas. Lleva el gorro del dios Ptah.

- **Mitología de Ptah**

Dios creador, señor de la ciudad de Menfis.

Asociado a Sekhmèt (diosa del león, su esposa) y Nefertoum (su hijo), se le considera el patrón de los artesanos.

Como dios creador, genera el mundo concibiéndolo en su corazón antes de realizarlo mediante la palabra.

A veces se le asocia con Shu en sus funciones de exaltado del cielo.

Ishta / Ishtar / Astarté

- **Mitología egipcia**

Diosa de Oriente Próximo, venerada como Astarté en Fenicia.

Su culto se introdujo en Egipto en el Reino Nuevo.

Entidad guerrera, también es venerada por su papel de sanadora.

Se la consideraba hija de Ra o Ptat, y más tarde se convirtió en esposa de Horus.

- **Mitología mesopotámica**

Cf. Astarté

Isis

Hija de Geb y Nut, hermana y esposa de Osiris, madre de Horus. También es hermana de Set y Neftis.

Se la representa como una mujer que lleva el jeroglífico que permite escribir su nombre en la cabeza.

Junto con Osiris, ayuda a extender la civilización por Egipto (herencia de Osiris de Geb) y le da la música.

Cuando Osiris fue asesinado por Set, ella encontró su cuerpo y su sarcófago. Un día, cuando se marchó, Set encontró el cadáver y lo cortó en catorce trozos. Isis los buscó y los encontró con la ayuda de su hermana (y esposa de Set) Neftis. Envolvieron el cuerpo en vendas (creando la primera momia). Entonces Isis, agitando sus alas, le dio vida suficiente para que pudiera dar a luz a Horus (aunque el falo de Osiris no se encontró porque se lo comió un pez). Isis resucita a Horus escondido en el papiro y le ayuda con su magia e inteligencia a luchar contra Set para recuperar el trono de Egipto del que es legítimo heredero.

Isis, como primera maga, es la quintaesencia, puede dar la vida así como causar la muerte. Es así como obliga a Ra a revelarle su nombre porque sólo ella puede curarle de la herida mortal recibida de una serpiente (que creó a partir de la tierra y la saliva de Ra).

En algunas tradiciones, Horus decapita a su madre (simbolizando su mayoría de edad) y recibe una cabeza de vaca para reemplazar la que ha perdido. Así, puede asociarse con Hathor, cada una de las cuales representa una faceta de la Mujer: Hathor es la dama del amor, diosa de la fertilidad, la alegría y la feminidad triunfante, e Isis es el ideal "social" de buena esposa, madre abnegada y viuda inconsolable.

En la época romana, su culto y el de Osiris la convirtieron en la madre universal de la cuenca mediterránea. La representación de Isis dando el pecho a Horus sentada en su regazo inspira la imagen de las primeras vírgenes lactantes del Egipto cristiano.

KHOPESH / KHEPRESH

El khepresh es una corona real de color azul. A diferencia de otras coronas, ésta es exclusivamente un atributo real y no la llevan los dioses.

Libro de los Muertos

El Libro de los Muertos es una colección de fórmulas que permiten a los difuntos superar los obstáculos que pueden encontrar en la otra vida. Este libro se colocaba en el sarcófago del muerto para que pudiera demostrar que era un iniciado y no una criatura maligna a la que había que eliminar.

El libro contiene las fórmulas mágicas que confieren a los amuletos su poder.

Mut / Mut

Diosa de la región tebana, es hija, madre y compañera de Amón, así como madre de Khonsu. Una diosa peligrosa, que aparece bajo la apariencia de una leona.

Dentro de la tríada que forma con Amón (aspecto solar) y Khonsu (aspecto lunar), es la diosa favorable que trae de vuelta el diluvio.

Se la representa como una mujer con un tocado de buitre.

Ma'at / Ma'at

Ma'at fue engendrada por Tem en la época del universo y representa el equilibrio cósmico. Es la diosa de la Verdad, la Justicia y el Orden. Su misión es resistir a las fuerzas del caos.

Todo hombre debe vivir según sus principios para mantener el equilibrio del mundo. En el momento de la muerte, el hombre comparece ante Ma'at, que juzga sus actos.

A veces se considera a Ma'at la esposa de Ra y su unión representa el equilibrio perfecto del mundo cósmico.

Ma'at está representada con una pluma de avestruz en la cabeza.
La pluma de avestruz es su símbolo.

Manjet

Manjet es el nombre que recibe el barco de Ra por la mañana.

Mesektet / Meskhenèt

- **Meskhenèt**

Meskhenèt es el protector de las parturientas. Está representada
por un ladrillo con cabeza de mujer (personificación de los ladrillos en los que se apoyaban las mujeres durante el parto).
En el ámbito cósmico, representa el montículo primordial sobre
el que se construyó el mundo.
También representa los cimientos de los edificios sagrados.

- **Mesektet**

Mesektet es el nombre que recibe el barco de Ra por la noche.

Nefertum

Nefertum, la flor de loto azul de Ra / que Ra respira, es hijo de
Ptah y Sekhmet.
Es el símbolo del renacimiento (loto).
Puede encarnarse en un león, sobre todo cuando actúa como protector de las fronteras orientales.

Osiris

Hijo de Geb y Nut, se casó con su hermana Isis. Heredó Egipto, al que llevaron la civilización (su hermano Set y su hermana Neftis recibieron el desierto). La relación incestuosa de Osiris y Neftis dio origen a Anubis.

Celoso (de la herencia recibida o de la relación que mantenía con Neftis), Set mató a Osiris. Le invitó a un banquete y prometió ofrecer un magnífico sarcófago a quien entrara perfectamente en él. Cuando Osiris se acostó en él, la tapa se selló y Set arrojó el sarcófago al río, donde Osiris se ahogó. Isis encontró su sarcófago y lo escondió en las marismas del Delta. Un día que se alejó de ella, Set la descubrió y descuartizó a Osiris y esparció los trozos (catorce) por el país. Con la ayuda de su hermana Neftis, Isis encontró las piezas (excepto el falo, que fue devorado por un pez). Reunieron su cuerpo y lo cubrieron con tiras (formando así la primera momia) e Isis, agitando sus alas, le dio vida suficiente (convirtiéndolo así en el primer muerto resucitado) para permitirle fecundarla y dar a luz a Horus (que se convirtió entonces en el heredero legítimo al trono de Egipto). Osiris se convierte a partir de este momento en el señor del inframundo, contenedor de las semillas de la vida y protector de los muertos.

Como entidad que renace perpetuamente, Osiris está asociado al sol nocturno, que recupera su energía atravesando el Douat durante las horas de la noche. La revitalización del cuerpo de Osiris se asocia al diluvio que atraviesa la tierra y permite su renacimiento (principio nutricio).

Osiris es también una deidad real, el prototipo del gobernante ideal (del mismo modo que Isis es el ideal femenino dentro de la sociedad).

Qadesh / Quetesh

Qadesh es una diosa siria que fue llevada a Egipto por prisioneros asiáticos (en el Reino Nuevo).

Se la representa de frente, desnuda, de pie sobre un león que pasa. A menudo sostiene serpientes o plantas en las manos.

Se invoca su protección contra los animales venenosos.

A veces se la asocia con Hathor.

Ra / Ra

Dios solar representado con cabeza de halcón que lleva el disco solar.

Originalmente venerado en Heliópolis, su importancia era tal que su culto se extendió por todo el país, a veces bajo formas diferentes.

Como fuente de vida, se le asocia con Tem, que repele el caos con la luz (Shu) y el calor (Tefnut) que encarnan su resplandor (y sus hijos).

Ra cruza el cielo a lo largo del día en una barca (cada momento del día le da un nombre diferente: Khepri al amanecer, Horakhty al mediodía, Atpum (su forma primordial) al anochecer). Por la noche, Ra transita por el mundo inferior (en forma de Iouf), que está gobernado por Osiris, lo que los convierte en "enemigos" que se persiguen mutuamente13.

Cuando el dios envejeció, Isis hizo una serpiente con la tierra y la saliva de Ra. Cuando Ra fue picado, Isis le dijo que podría curarle si revelaba su verdadero nombre. Aceptó y perdió así parte de su poder. Su debilidad provocó una rebelión entre los hombres y Ra abandonó la Tierra (para dirigirse a la región celeste). Esta partida marca la separación definitiva entre el mundo terrenal y el mundo divino.

SEKHMÈT

Diosa de Menfis, compañera de Ptah y madre de Nefertum (tríada del ciclo mensual del mundo). Su nombre significa "Poder" y se la suele representar como una leona.

Como Diosa Peligrosa, es el temible vigor del sol. Esta agresividad es el aspecto protector de sus funciones eróticas y maternales.

En el mito de la Vaca del Cielo, Ra transforma la personalidad de Hathor (su hija) saludando su poder, dando así su nombre a Sekhmèt. El ardor devastador (del poder) sólo puede combinarse con el restablecimiento de sus cualidades como madre en potencia.

Se la teme especialmente antes del retorno del diluvio (diluvio del Nilo), ya que es probable que propague la muerte y las enfermedades (a través de sus emisarios) entre los humanos. También puede curar, por lo que es la patrona de los médicos (sus sacerdotes conocían el arte de curar).

ESTABLECER

Hijo de Geb y Nut, es hermano de Osiris, Isis y Neftis y su esposo.

Se le representa como un cánido con cola bífida y orejas cortadas. Cuando Geb se retira, divide su reino entre Osiris (que recibe Egipto) y Set (que recibe las extensiones del desierto). Celoso14 , Set mató a Osiris y luego lo desolló para gobernar Egipto. Cuando Horus (hijo de Isis y del resucitado Osiris) tuvo edad suficiente para reinar, reclamó el trono de Egipto, que obtuvo tras muchos combates y por decisión divina.

Set representa el elemento perturbador, el maestro de las tormentas.

Presentado como el rival de Horus, es también su complemento.

Es un defensor del sol, que hace retroceder a las cohortes del caos, oponiéndose a Apofis.

En el conflicto entre él y Horus, su agresividad es esencial para la preservación del mundo.

SOBEK

Dios de las aguas y la fertilidad, se manifiesta en el cocodrilo.

Es hijo de Neith y Senouy y no tiene hijos. Más tarde, uno de sus santuarios se asocia con uno de Hathor.

Acaba siendo considerado como un combatiente de los enemigos del orden divino y se convierte en un dios primordial.

SOKAR

Dios de la noche y del mundo subterráneo, Sokar simboliza la muerte.

Forma parte del ciclo anual de la vida: Ptah - Sokar - Osiris (nacimiento - muerte - renacimiento / creación - metamorfosis - renacimiento).

Se le representa en forma de halcón momificado. Es el garante de las transformaciones nocturnas de los muertos, pero también del sol.

Se le atribuyó una embarcación en particular: la barca henou, cuya proa figura en su efigie. Utilizado para conducir a los muertos a las tierras celestiales, este esquife puede presentarse como una forma de Hathor y convertirse simbólicamente en la esposa del dios.

Thoth

Thot es el guardián de la Luna y el arquitecto de su reconstrucción. Como responsable de la Luna, es también quien sustituye a Ra (el Sol) cuando éste está ausente.

También es el encargado del tiempo, el que da años eternos a los difuntos y permite que Nut dé a luz añadiendo cinco días al año. Especialmente venerado en Hermópolis, donde es un dios demurga, más tarde fue asimilado a Hermes.

Mitología mesopotámica / babilónica

Astarté / Ishtar

- **Mitología mesopotámica**

Diosa de la fertilidad y deidad guerrera y sanadora.

Se la representa a caballo o de pie sobre un carro.

Es la diosa principal del panteón acadio.

Como diosa del amor, es amante, hermana, esposa y madre de varios dioses.

Como diosa protectora de varias ciudades-estado (a las que protege de sus enemigos), a menudo se la representa entregando al gobernante un cetro, el trono y las insignias de la realeza.

Se la puede representar como diosa de la fertilidad (desnuda y sujetándose los pechos) o como diosa guerrera (vestida con una larga túnica con símbolos bélicos).

Su unión anual con Dumuzi (dios de la irrigación, los cultivos y los campos que reverdecen en primavera y soberano del reino de los muertos) garantiza campos fértiles y cosechas abundantes.

- **Mitología egipcia**

Cf. Ishtar .

Baal / Belus

Baal (o Belus) es el nombre genérico semítico del Amo.

Dios de la tormenta entre los cananeos, se le representa en forma de toro.

Se le puede comparar con Hadad, el dios de la vegetación y las tormentas.

Baal tiene que luchar contra Yamm (dios del mar, comparable a Tiamat), preferido por el dios supremo El. Su victoria asegura su supremacía (sobre Yamm y El). Su soberanía es impugnada por Môt (dios de la muerte y del más allá). Môt mata a Baâl y toda la vida desaparece en la Tierra. La diosa Anat (similar a Astarté

/ Ishtar) encuentra su cuerpo y lo devuelve a la vida. Baâl lucha contra Môt y sale victorioso.

Hay una alternancia de soberanía entre un dios de invierno (mundo de abajo) y un dios de verano (mundo de arriba)

Se organizaban fiestas anuales en honor de Baal y su unión con Anat.

Babilonia

Ciudad de Mesopotamia cuyo dios tutelar fue Marduk durante el último milenio (con J.C.); es el periodo mejor conocido por los vestigios y ciertos acontecimientos relatados en la Biblia.

En la mitología cristiana, es la ciudad de la Torre de Babel (correspondiente a los Etemenanki), una torre que los hombres construyeron para llegar a Dios y que Dios castigó destruyendo la torre y dando a cada grupo de hombres una lengua diferente.

Los grupos étnicos que ocupaban la ciudad/región eran los sumerios, los acadios y los amorreos (los más dominantes).

La presencia de varios templos dedicados a varios dioses nos informa de la importancia de la ciudad: Marduk (gran dios de Babilonia, en el origen de la "verdadera creación", es decir, la creación posterior a la de los dioses), Ninurta (dios de la guerra) e Ishtar.

Ishkur

Ishkur, entre los sumerios, equivale a Hadad entre los cananeos y a Adad entre los fenicios.

Es el dios del rayo y del huracán, pero también el soberano de los dioses (es el equivalente de Zeus entre los griegos).

Marduk

Es el gran dios de Babilonia.

Es hijo de Ea y Damkina y padre de Nabu.

Se convierte en el gran dios de Babilonia tras la batalla de los dioses. Los dioses jóvenes quieren deshacerse de la pareja de ancianos (Apsu y Tiamat). Ea se encarga de Apsu y Marduk de Tiamat. Envía la jauría de vientos sobre Tiamat, que se precipita por su boca y le infla el estómago, que Marduk atraviesa con su lanza. Del cuerpo de Tiamat, cortado en dos, surgen las aguas celestes y terrestres (principio de la verdadera creación).

Marduk da forma al mundo y pacifica a los dioses (asignando una función a cada uno). Él crea las estrellas, las puertas del Cielo, el Sol y la Luna. Incita a Ea a crear al hombre con la sangre impura de Kingou (de ahí la imperfección del hombre).

Moloch

En Fenicia, Moloch es un término genérico que significa "el rey". Este nombre también puede utilizarse para designar a los dioses.

Deidad cananea, mencionada en la Biblia en relación con los sacrificios de niños.

Palabra

Dios cananeo de la sequía, el hambre y la muerte.

Su nombre (Palabra) significa 'Muerte'.

Su oponente es Baal (dios fecundador), con quien compite por el poder. Mata a Baal en una batalla (estableciendo el hambre en la tierra) pero Baal es devuelto a la vida por la diosa Anat y Mot es asesinado por Baal en la segunda batalla (sembrando la tierra).

Oannes / Anou

Dios del cielo, tiene a su disposición el ejército de las constelaciones.
Es el esposo de Antum y el padre de muchos dioses, entre ellos Enlil, que poco a poco ocupará su lugar en la cima de la jerarquía divina.
Con Ea y Enlil, participa en la batalla de los dioses para eliminar a la madre original: Tiamat.
Oannes es un dios que siente poco amor por los hombres.
Una tiara decorada con cuernos lo simboliza.
Más tarde, se asimila a Júpiter (Zeus).

Omoroca / Tiamat

Tiamat es la esposa de Apsu, representan el Océano primordial y mezclan sus aguas. De ellos nacieron dos parejas sucesivas de dioses. Entonces llegaron los poderosos dioses Anu, Ea y Enlil, que desataron la guerra de los dioses para deshacerse de ellos. Para defenderse, Tiamat engendra ella sola once monstruos y elige un líder de guerra. Sólo Marduk tiene el valor de luchar contra ella. Lanza los vientos contra ella y, cuando está hinchada, la atraviesa con su lanza, creando así las aguas de arriba (el cielo) y las aguas de abajo (el mar).
Según algunas fuentes, Tiamat y Omoroca son la misma deidad, pero en regiones diferentes.

Mitología germano-escandinava

Aegir

Aegir es el gigante del mar. Cuando abandona su isla para ir a Asgard, los Aesir son informados y le preparan una recepción en la que se mezclan ilusión y enseñanza. Los dioses enseñan a Aegir el origen de las runas, la poesía, la lucha de Loki contra los Aesir y la vida de los guerreros en el Valhalla.
Es el esposo de Ran, la captora del mar, con la que tiene nueve hijas que difunden los conocimientos que los Aesir enseñaron a Aegir.

Asgards

Asgard significa "hogar de los Ases ".
Ciudad construida originalmente en la Tierra y conectada a la tierra de los Hombres (Midgard) por un puente (arco iris).
Asgard fue construida por un gigante maestro constructor con la promesa de que estaría protegida de la destrucción de los gigantes de las montañas (enemigos de los Aesir). A cambio, pide casarse con la diosa Freyia y obtener el sol y la luna. Los Aesir aceptaron con la condición de que terminara la construcción en un invierno (seis meses). Tres días antes del comienzo del verano, sólo quedaba por construir la puerta principal. Los Aesir no quisieron entregar a la diosa ni el sol ni la luna, y pidieron a Loki que impidiera que se completara la obra. Loki se convirtió entonces en una yegua en celo y el caballo del maestro de obras la siguió tan lejos en el bosque que el maestro no pudo alcanzarla, lo que le impidió terminar a tiempo, lo que le enfureció enormemente. Los Aesir se dieron cuenta entonces de que el maestro de obras era un gigante de las montañas y pidieron a Thor que lo matara con su martillo (enviándolo justo por encima del mundo de la muerte).

En la época del Crepúsculo de los Poderosos (el fin del mundo), el puente que conecta Asgard con la Tierra es destruido por Surt y los hijos de Muspell.

Baldur / Balder / Baldr

Baldr es hijo de Odín y Frigg. Es el marido de Nanna. Su nombre significa brillante, blanco. La manzanilla es su flor simbólica.

Es el dios de la luz y la belleza. Todos los hombres y dioses le aman. Excepto por Loki.

Baldr tuvo un sueño que le advertía de un gran peligro. Informó a Odín y Frigg. Para protegerlo, Frigg hizo jurar a todos los seres animados e inanimados que no harían daño a Baldr. Todos juraron y Baldr se volvió "invencible". Los dioses se divertían lanzando todo tipo de objetos a Baldr sin que ninguno de ellos le hiciera daño. Molesto, Loki se disfrazó y fue a ver a Nanna a su casa y le habló de la invulnerabilidad de Baldr. Desprevenida, Nanna dijo a su visitante que sólo había una planta (una especie de muérdago que crecía junto al Valhalla) capaz de dañar a Baldr porque no había jurado. Loki fue inmediatamente a recoger la planta. Cuando regresó a Asgard (hogar de los dioses), le dio la rama de muérdago a Hodr, el único dios ciego, para que también pudiera ir a bendecir a Baldr. Cuando Hodr arrojó el muérdago a Baldr, éste murió inmediatamente.

Todo el mundo estaba muy triste. Hermod, hijo de Odín y el más valiente de todos, se ofreció a ir a buscar a Baldr al reino de Hel. Hel accedió a devolver a Baldr con la condición de que todos los seres lloraran su muerte. Hermod informó a Odín y Frigg de la demanda de Hel y se enviaron mensajes para que todos lloraran a Baldr. Todos los seres lloraron a Baldr excepto la giganta Thokk, que en realidad es Loki disfrazado. Por lo tanto, Baldr

está condenado a permanecer en el reino de Hel.
En el Crepúsculo de los Poderosos (Ragnarok), Baldr es uno de los seis supervivientes que reconstruirán el mundo libre de gigantes y trolls.
Balder puede considerarse el Odín del nuevo mundo.

BERSERK

Los Berserks eran los guerreros de Odín. Cubriéndose con una piel de oso o lobo, entraban en trance y adquirían las habilidades físicas del animal. Esto les daba una fuerza increíble, salvaje y animal. Todos temblaron y se quedaron paralizados de miedo cuando aparecieron estos fabulosos guerreros.
Su poder era tal que resultaba casi imposible matarlos, ni con fuego ni con armas. Por eso, el que lo conseguía se convertía en algo más que un héroe (como Gumr el asesino).

BILISKNER / BILSKIRNIR

Significa el Espumoso.
Residencia de Thor. Es el edificio techado más grande del mundo.

LOS CUERVOS DE ODÍN

Hugin (conocimiento) y Munir (memoria) son los cuervos de Odín. Vuelan por todo el mundo y le traen todo lo que ven.

Duende

Los elfos son los genios escandinavos. Tienen apariencia humana y distintos nombres según su aspecto. Los elfos de la luz (elf) son muy hermosos y viven en Alf-Heim, el palacio del cielo. Los elfos oscuros (swart elf) son feos y viven en las entrañas de la tierra. Algunas personas asocian a los elfos oscuros con los enanos.

Oberón, el rey de los elfos, vive en una isla del norte del mar Báltico. Gobierna las islas de su reino y viaja en un carro con cuatro sementales negros. El rey tiene un gran ejército a sus órdenes, cuyos soldados se ponen la armadura por la noche y se mueven libremente. De día, los grandes robles salpican la isla. En el folclore británico, los elfos son criaturas fantásticas con alas.

Fenris / Fenrir

Fenrir es uno de los hijos de Loki y la giganta Angrboda. Es un lobo gigante que ha sido encadenado a la tierra porque participará (con los demás hijos de Loki) en la llegada del Ragnarok.

Los otros hijos que Loki tuvo con la giganta Angrboda y que están destinados a destruir a los Aesir son Iormungard, la serpiente de Midgard y la diosa Hel. Para preservar a los Aesir, Iormungard fue arrojado al mar que rodea la tierra y Hel fue encerrada en Nifheim, donde acoge a los que mueren de enfermedad y vejez. Loki tuvo un hijo, Narfi, con su esposa Sigyn. Narfi es el padre de Nott (la Noche).

Freyia

Es hija de Niord, hermana de Freyr y esposa de Odr.

Junto con Frigg, es la más importante de las Asnas gloriosas, la que trae la paz y la victoria.

Es la diosa a la que se invoca para ser feliz en el amor.

Tiene el collar mágico de los Brisingar, los cuatro herreros enanos que lo hicieron para ella.

Triste por estar lejos de su marido, que se ha marchado a expediciones lejanas, Freyia recorre el mundo en su carro tirado por gatos en busca de él. Allá donde va, su presencia es honrada y la mitad de los muertos en los campos de batalla que sobrevuela le son devueltos y llevados a su palacio (Sessrumnir).

Freyia adopta la forma de un halcón para viajar de un mundo a otro porque practica la magia y conoce el futuro y el destino de los hombres.

Dos veces gigantes quieren casarse con Freyia por la fuerza y son asesinados por Thor.

FREYR

Freyr es originalmente un Vane, pero se convierte en un Aesir cuando las dos familias se reconcilian.

Hijo de Niord y Skadi, es hermano de Freyia.

Dios de la fertilidad, rige los elementos (lluvia y sol).

Un día, sentado en el trono de Odín (que le permite verlo todo), sus ojos se posan en una giganta y se enamora perdidamente de ella. Ella es Gerd (la tierra). Entrega su espada a su criado a cambio de un encuentro con Gerd.

Freyr tiene un barco mágico (Skidhbladnir) que puede transportar a todos los Aesir y su equipo.

El carro de Freyr es tirado por un jabalí mágico (Gullinborsti).

Freyr (o Fro) es el dios de la navegación para los vikingos.

En el Crepúsculo de los Poderosos, luchará contra Surt, pero sucumbirá bajo los golpes porque no tendrá su espada.

Frigg

Frigg es la más importante de las diosas Aesir. Es la esposa favorita de Odín y la madre de Balder. Vive en su palacio, Fensalir, en Asgard. Lo sabe todo sobre el destino de los hombres, pero nunca habla de ello.

Cuando nació Balder, hizo jurar a todos los elementos del mundo que no dañarían a su hijo. Sólo que el muérdago no prometía nada. Loki usó este conocimiento para causar la muerte de Balder. En el funeral de Balder, Frigg es escoltada por las valquirias y sus cuervos.

Garmr

Garm es el perro que guarda la puerta de Hel. Hel es la señora del inframundo. Su nombre significa Aullador.

Durante el Crepúsculo de los Poderosos, se enfrentará a Tyr y se matarán mutuamente.

Heimdall

Heimdall significa: quien ilumina o hace crecer el mundo.

Heimdall tiene un caballo llamado Gulltopp y vive en Himinbiorg (Castillo del Cielo), situado al final del cielo, justo al lado del arco iris, al que protege del ataque de los gigantes.

Heimdall es el soberano de los santuarios y el mejor vigilante del mundo (duerme muy poco, ve muy lejos y oye más que nadie).

En el momento del Crepúsculo de los Poderosos, Heimdall utiliza su cuerno para avisar a los Aesir de que celebren su última asamblea. Es él quien se enfrenta a Loki y consigue derrotarlo, pero él mismo es asesinado durante esta lucha.

HERMOD - HERMIOD

Hermod significa: el audaz.
Es hijo de Odín. Tras la muerte de su hermano Baldr, Hermod se
ofrece voluntario para ir al reino de Hel y pedirle que devuelva
a Baldr a los Aesir. Hel acepta con la condición de que todos los
seres de la tierra (hombres, dioses, árboles, animales, gigantes...)
lloren su muerte. Todos lloran la muerte de Baldr, excepto la giganta Thokk (que en realidad es Loki disfrazado y que ya era
responsable de la muerte de Baldr). Por culpa de Loki, Baldr no
puede regresar a la Tierra y permanece prisionero en el reino de
Hel hasta el Crepúsculo de los Poderosos.

KARA

Kara es una valquiria, la de los rizos largos.
Es hija del rey Hogni (se llama Sigrund al nacer y sólo se convierte
en Kara tras su muerte y renacimiento como valquiria).
Kara es asesinada por Helgi tras su renacimiento.

KVASIR

Kvasir nació de la mezcla de la saliva de los dioses (Aesir) y los
Vanes para sellar su unión. Cuando salió de la cuba donde todos
habían escupido, poseía conocimientos, sabiduría y ciencia que
enseñó a los Hombres.
Es él quien adivina dónde se esconde Loki cuando llegan a su

escondite.

Fue asesinado por los enanos Galar y Fialar, que mezclaron su sangre en un caldero (Odroerir) con miel, lo que dio hidromiel. Para ocultar su crimen, los enanos contaron a los dioses que Kvasir se asfixió a sí mismo con su excesiva inteligencia.

Loki

Hijo de Laufey y del gigante Farbauti (una pareja del mundo primordial), es el marido de Sigyn y el padre de Nori. De su apareamiento con la giganta Angrboda nacen Fenrir (el lobo terrorífico), Iormungand (la serpiente de Midgard) y Hel (la diosa del Otro Mundo). Debido a que una profecía anuncia que estas tres criaturas aniquilarán a los Aesir, Odín (Alfade) las aparta de los territorios divinos arrojando a Iormungand al mar, encerrando a Hel en Niflheim, donde acoge a los hombres que han muerto de vejez y enfermedad. Los Aesir crían al lobo Fenrir en su hogar antes de atarlo a la tierra con un poderoso vínculo.

Loki es un dios hermoso, que domina el fuego y el aire y el arte de seducir a dioses y hombres. Es una deidad "negra" que pone obstáculos al funcionamiento armonioso del mundo, es juguetón y astuto. Utiliza la astucia para causar la muerte de Baldr, por la que será castigado, pero también es él quien ofrece su lanza a Odín e impide que el gigante maestro de obras termine su trabajo a tiempo, salvando a Freya del matrimonio.

Tras la muerte de Baldr, Loki se esconde, sabiendo que los Aesir quieren castigarlo. Se refugia en las montañas, convirtiéndose en salmón durante el día y volviendo a su casa por la noche, donde hace un lazo para tejer una red. Estando en su trono, Odín lo ve y envía a los Aesir. Cuando Kvasir entra en la casa, ve que Loki ha tirado la red al fuego y adivina así cómo atrapar a Loki, que se ha metamorfoseado y escondido en el río. Los Aesir trenzaron una red y la lanzaron al río, pero no lograron atrapar a Loki, que se escondió entre dos rocas. Cuando la red fue lanzada por segunda vez con pesos, Loki logró escapar. En el tercer intento, los Aesir dragaron el río mientras Thor caminaba en medio de la corriente y atrapó a Loki mientras saltaba por encima de la red (que siguen siendo las tres formas de pesca que aún existen en el norte de Europa hoy en día).Los Aesir encadenaron a Loki en una cueva y colgaron una serpiente sobre él para que su veneno fluyera por su cara. Sólo su esposa (Sigyn) le permaneció fiel y sostiene un caparazón para retener el veneno. Pero cuando se va a vaciar la cáscara, el veneno fluye sobre Loki, haciéndole temblar a él y a la tierra.

En el Crepúsculo de los Poderosos, Loki luchará con Hemdall y se matarán mutuamente.

Midgard / Muro de Midgard

Para proteger el dominio de los Hombres, Odín, Ve y Vili utilizaron las pestañas de Ymir (la giganta que acababan de matar) para construir un muro alrededor de Midgard.

Midgard designa así el dominio protegido (la tierra de los hombres), pero también la muralla que lo rodea.

En el centro de Midgard se alza Asgard, el hogar de los dioses.

En el momento del Crepúsculo de los Poderosos, el océano sumergirá la tierra firme y la serpiente de Midgard esparcirá su veneno y lo envenenará todo. En una batalla final, Thor matará al monstruo, que escupirá su veneno sobre él y lo matará.

La serpiente de Midgard rodea la Tierra y le da su estructura. Cuando se libere, nada retendrá las aguas de los océanos, provocando el caos.

Niebla

Valquiria, originalmente una diosa Aesir.
Su nombre significa: niebla, bruma, pero también letargo.
Lengua y escritura
La palabra "mist" significa bruma, niebla.

Mjolnir

Este martillo, forjado por el enano Eitri tras un desafío de Loki, fue entregado a Thor por Loki y se convirtió en uno de sus atributos.
Mjolnir causa rayos y truenos. Tiene la capacidad de volver como si estuviera en la mano de Thor después de que éste la haya lanzado.
Un día, el gigante Thrym roba el martillo de Thor. Exige que la diosa Freya le sea entregada como esposa a cambio de la devolución del martillo. Thor se disfraza de mujer y ocupa el lugar de Freya. Consigue recuperar su martillo, recupera su aspecto original y mata a Thrym y a toda su familia.

Narfi

Narfi es hijo de Loki y padre de Nott (la Noche). Su nombre significa ominoso.
Cuando los Aesir decidieron castigar a Loki por haber causado la muerte de Baldr, transformaron a Vali en un lobo que devoró a Narfi. De sus entrañas hicieron los lazos que mantienen a Loki prisionero en su cueva.

Odín

Dios principal del panteón escandinavo, se le asocia con la creación. Con Vili y Vé (sus hermanos), crea, a partir del cuerpo de la giganta Ymir (a la que mataron) el cielo, la tierra, el mar, las montañas, los ríos y todo lo que existe en la tierra (árboles, piedras, lagos). A partir de esto, Odín y los dioses organizan el mundo.

Odín es el padre de los dioses (de los Aesir en particular) y el padre de los Hombres (en la forma de Alfadr).

Tiene una gran sala en Asgard desde la que lo ve todo cuando se sienta en su trono (Hlidshialf).

Él es el Altísimo, el poseedor del conocimiento, el arte de las runas y la poesía.

Es Rafnagud, el dios de los cuervos, por los cuervos Hugin (conocimiento) y Munir (memoria) que recorren el mundo y le informan de lo que ven.

Cuando los Vanes mataron a Mimir (que posee el conocimiento del pasado), se quedó con su cabeza, que rodeó de hierbas mágicas para poder consultarla.

La mitad de los hombres que mueren en la batalla regresan a él (mientras que la otra mitad vuelve con Freya) y son conducidos al Valhalla por las Valquirias, donde luchan y se comen el jabalí mágico (Sahmrimnir), que se reconstruye cada mañana.

Sleipnir, su caballo de ocho patas, nació de Loki en su forma de yegua cuando le arrebató el caballo al gigante maestro constructor de Asgard (Svadilfoeri). Es el mejor caballo y el más rápido, y puede viajar a cualquier parte, incluso a Helheim (el hogar de Hel, diosa del inframundo, un lugar del que nadie puede salir porque está rodeado por el Gjoll, un río infranqueable).

Odín lleva el anillo mágico Draupnir (forjado por el enano Eitri, que deja caer ocho anillos de oro cada nueve noches) y la lanza Gungnir (una lanza que Loki regaló a Odín, que no puede detenerse ni frenarse cuando se lanza para golpear a un enemigo). Cuando se arrojaba la lanza en un campo de batalla, los guerreros pronto se unirían a Odín (Valhalla).

Othala / Odal

24ª runa, Odal significa/representa a los antepasados.
(Runas: alfabeto nórdico, literalmente "escritura de los dioses")

Ragnarok / Crepúsculo de los poderosos

Ragnarok, o el Crepúsculo de los Poderosos, es el fin del mundo tal y como lo conocemos. Es una profecía que el Altísimo, Odín, revela.

Los acontecimientos que destruirán el mundo se anuncian con el Gran Invierno (un invierno que dura cuatro años). Estallan guerras y tormentas por toda la tierra, los hermanos se matan entre sí y los lobos (revenants) invaden la tierra. Las estrellas desaparecen, un lobo se traga el sol y otro la luna. Terribles terremotos arrancan los árboles y permiten al lobo Fenrir romper sus cadenas. La serpiente de Midgard se une a Fenrir en la tierra y nada impide que las aguas de los océanos cubran la tierra. La serpiente responde con su veneno sobre la tierra mientras Fenrir la raspa con la boca.

Los Aesir son advertidos por Heimdall y celebran un último consejo antes de entrar en batalla. Odín libera a sus guerreros y los conduce a la batalla con su casco y su lanza dorados.

Odín ataca a Fenrir, Thor lucha contra la serpiente, Freyr lucha contra Surt y Heimdall y Loki pelean.

Cuando el mundo es destruido, cuando los Aesir, los hombres y los guerreros son aniquilados, muchas mansiones siguen en pie.

Una nueva tierra verde y hermosa emergerá del mar y será verde, hermosa y fértil y producirá frutos sin haber sido cultivada. En esta tierra vivirán los supervivientes: seis dioses (Vail, Modi, Magni, Baldr, Hodr y Vidar) y dos humanos (Lif y Leif-thrasir). Allí encontrarán las tablas doradas de los Aesir (su conocimiento) y comenzarán un nuevo ciclo vital.

Ran

Ran es la esposa de Aegir y la madre de sus nueve hijas. Su nombre significa "El Asolador". Ella es el mar arrebatador, el lugar de enterramiento de los que se ahogan. Representa la oscuridad y el mundo del más allá.

Aegir y Ran manifiestan los aspectos solar y lunar del principio oceánico.

Sleipnir

Sleipnir es el fabuloso caballo de ocho patas. Puede galopar sobre la tierra, en el aire y también hacia y desde el hogar de Hel. Es el más rápido de todos los caballos.

Nació de la unión de Loki (en forma de yegua) y el caballo de un gigante. Loki se lo dio a Odín, quien lo convirtió en su caballo oficial.

Thor

Thor es el primer hijo de Odín y de Iord (la tierra), es el dios de la fuerza y un poderoso guerrero; también es el dios de las tormentas.

Nadie puede enumerar todas sus hazañas porque nadie está suficientemente instruido.

Thor tiene un carro tirado por dos cabras: Tanngniost y Tanngrisnir; es, por tanto, Aka-Thor (Thor el conductor del carro), el conductor del mundo y de los hombres.

Thor tiene tres objetos mágicos:

Cinturón de fuerza de Megingiord, que le otorga su fuerza Aesir (fuerza divina).

Los guantes de hierro, que utiliza para blandir su martillo (sin ellos no puede utilizarlo).

El martillo Miollnir (Rayo Centelleante), que provoca relámpagos y truenos (luz), se utiliza para expulsar a los gigantes y a la oscuridad. Siempre vuelve a quien la lanzó.

Thor es tan poderoso que el gigante Utgardaloki tiene que utilizar ilusiones para hacerle creer que es más débil que los gigantes.

El martillo de Thor es tan poderoso que cuando Loki lo recupera después de que el gigante Thrym se lo robe, destruye a Thrym y a toda su casa.

En el Crepúsculo de los Poderosos, Thor es engullido por la Serpiente de Midgard.

Valhalla

Este es el palacio de Odín, cuyas vigas están hechas de lanzas y las baldosas de escudos.

La mitad de los muertos en un campo de batalla son recogidos por las Valquirias y llevados al Valhalla (la otra mitad va a Freyia). Estos guerreros se entrenan a diario en la batalla (para prepararse para el ocaso de los poderosos), comen la carne del jabalí Saehrimnir, que se repone a diario, y beben hidromiel de la ubre de la cabra Heidrun.

Valquirias

Las Valquirias son las enviadas de Odín a los campos de batalla en traje de combate (casco dorado, revestidas con coraza, armadas con lanza y escudo). Eligen a los guerreros que morirán y los conducen al Valhalla, donde luchan sin heridas y se alimentan de la carne del jabalí Sachrimnir, que se repone cada noche.
Durante el Crepúsculo de los Poderosos, los guerreros del Valhalla luchan junto a los Aesir.

Vanir / Vanes

Los Vanir son la segunda familia de dioses después de los Aesir. Mientras que los Aesir representan a dioses más guerreros con ritos elaborados, los Vanir parecen ser deidades más cercanas al pueblo.
Los Vanes más conocidos son los hijos de Niord: Freyr y Freyia. Inicialmente en conflicto con los Aesir, los Vanes acabaron reconciliándose con ellos. De su saliva mezclada nació Kvasir. Poseía el conocimiento, la sabiduría y la ciencia de ambas familias.
La sangre de Kvasir mezclada con miel producía hidromiel.

Ymir

Ymir es el primer ser nacido del encuentro de las nubes cálidas con las nubes frías. Al mismo tiempo, se creó la vaca Aurgelmir, cuyas ubres proporcionaban alimento a Ymir.
Cuando Ymir cruzó sus pies, nació el gigante de seis cabezas Thrudgelmir. Del sudor de su axila nacieron un hombre y una mujer, que engendraron la primera raza de los gigantes de es-

carcha.

La vaca Aurgelmir dio a luz a los tres primeros dioses: Odín, Vili y Vé. Los tres hermanos mataron a Ymir y utilizaron su cuerpo para crear el mundo. La sangre de Ymir se derramó y se tragó a los gigantes de escarcha. Sólo Bergelmir y su esposa lograron escapar utilizando el tronco de un árbol como barca. De ellos nació la segunda raza de gigantes de escarcha.

La carne de Ymir se utilizó para dar forma a los enanos y los dioses les otorgaron inteligencia y forma humana.

Todo el cuerpo de Ymir se utilizó para crear todo lo que existe en la Tierra (el recinto que rodea Midgard está hecho de los cilios de Ymir,...).

Mitología grecorromana

Aqviles

Aquiles es hijo del rey Peleo y de la ninfa Tetis. Es el héroe principal de la Ilíada, que narra la guerra de Troya.

Sabiendo que su hijo podía tener un destino terrible, Tetis intentó hacerlo inmortal sumergiéndolo en el río Estigia. Sólo su talón no se sumergió porque Tetis lo sujetó por él.

A Aquiles se le ofreció elegir su destino: tener una vida larga pero aburrida o tener una vida corta y ser un héroe. Aquiles eligió ser un héroe.

Para protegerlo, Tetis lo envió a esconderse entre las mujeres de la corte del rey Licomedes, en la isla de Esciros, donde recibió el nombre de Pirra. Durante su estancia, Aquiles sedujo a la hija del rey, Deiclamia. Tuvo un hijo: Neoptolemos (también llamado Pirro).

Los griegos, que necesitaban la presencia de Aquiles para derrotar a los troyanos, lo desenmascararon presentándole telas en las que se escondían armas. A Aquiles sólo le interesaban las armas.

El buen amigo de Aquiles era Patroclo. Cuando Patroclo fue asesinado por Héctor, Aquiles montó en cólera y mató a Héctor a su vez. Cuando las Amazonas acudieron en ayuda de los troyanos, Aquiles mató a su reina (Pentheles) y se enamoró de ella.

Aquiles fue asesinado por Paris, cuya flecha fue guiada por Apolo hasta su talón (su único punto débil) (Aquiles había matado a Tenes, rey de la isla de Ténedos, hijo de Apolo).

- **Expresión**

"Talón de Aquiles": se refiere al principal defecto de una persona o cosa.

- **Anatomía**

El talón de Aquiles es la unión de los tendones de los músculos gemelo y sóleo por encima del talón.

Actaeon / Actaeon

Acteón era nieto de Cadmo. Gran cazador, solía ir acompañado de sus perros. Un día, mientras la diosa Artemisa se bañaba, él la espió. Ofendida, la diosa lo convirtió en un ciervo, que los perros de Acteón devoraron.

Adonis

Adonis es originalmente un dios asiático. Su nombre viene de adon y significa Señor.

Es un dios de la vegetación y la naturaleza.

Su culto está vinculado al de Afrodita.

Adonis es hijo de Mirra (o Esmirna), nacido de su unión incestuosa con su padre. Esta es la razón. Mirra, habiendo descuidado rendir homenaje a Afrodita, fue castigada por ella que la hizo desear locamente a su padre. Con la ayuda de su enfermera, Myrrha consiguió compartir la cama de su padre. Fue entonces cuando Myrrha se quedó embarazada. Su padre, al descubrir la verdad, intentó matarla, pero los dioses transformaron a Mirra en un árbol de mirra. Un día, un jabalí cargó contra el árbol y éste se partió en dos. De la grieta salió Adonis. Afrodita lo encontró tan hermoso que lo colocó en un cofre y se lo confió a Perséfone. Pero Perséfone también amaba a Adonis y se negó a devolvérsela a Afrodita. Zeus fue llamado a decidir. Dividió el año en tres. Adonis debía pasar un tercio con Perséfone, el segundo con Afrodita y el tercero a su conveniencia. Adonis decidió pasar el tiempo que le correspondía con Afrodita.

Un día, mientras Adonis cazaba en el bosque, un jabalí (probablemente Ares, el amante celoso, o Hefesto, el marido cornudo) cargó contra él y lo mató. De su sangre, Afrodita creó la anémona roja. Afligida, Afrodita rogó a Perséfone que le devolviera parte del año. Se decidió que podía pasar tres (o cuatro) meses del año con Afrodita.

- **Idioma:**

Un Adonis es un hombre muy satisfecho de sí mismo y que investiga demasiado sus actitudes. Este nombre se da en son de burla.

Amazonas

Pueblo de mujeres guerreras, se dice que son hijas de Ares (dios de la guerra) y Artemisa o de la ninfa Armonía.

Luchaban a caballo, disparaban con arco y lanzaban jabalina.

Cuenta la leyenda que se cortaban el pecho derecho para poder disparar con arco (amazon significa "sin pecho").

Una vez al año, iban a las montañas y unían fuerzas con los hombres. Los niños nacidos de esta unión eran esclavizados (y castrados) o devueltos a la montaña.

Luchan contra muchos héroes (uno de los trabajos de Heracles es quitarle el cinturón a la reina de las Amazonas: Hipólita, a la que finalmente mata para obtener el cinturón que le había ofrecido Ares).

Durante la Guerra de Troya, se ponen del lado de los troyanos y su reina (Penthelesia) es asesinada por Aquiles (que se enamora de ella).

Ambrosía

La ambrosía es el alimento divino del que se alimentan los dioses griegos y romanos.

Afrodita / Venus

Diosa del amor, la lujuria y la fertilidad.

Su ascendencia es incierta, se dice que es hija de Zeus y Dione, o hija de Ouranos16 que nació del mar (nació en la espuma) después de que Cronos cortara y arrojara al mar los órganos sexuales de Ouranos.

Afrodita estaba casada con Hefesto, pero no le era fiel. Afrodita y Ares eran amantes. Un día, Helios (el sol) reveló esta historia a Hefesto y éste fabricó una red y atrapó a los amantes. Cuando quedaron atrapados en la red, Hefesto llamó a los demás dioses y éstos se rieron de ellos. Fue Poseidón quien propuso una reconciliación entre Afrodita y Hefesto.

Afrodita tiene muchos amantes (dioses o no) y varios hijos:

- Con Ares (dios de la guerra): Deimos (Terror), Fobos (Miedo), Armonía y Eros (Amor, es decir, Cupido).
- Con Dioniso: Priad (deidad fálica)
- Con Poseidón: Eryx

Hermes la seduce pero ella lo rechaza. Entonces pide ayuda a Zeus, cuya águila roba la sandalia de Afrodita y para que ella la recupere debe someterse a Hermes. De esta unión nació Hermafrodita (de naturaleza tanto masculina como femenina).

En la boda de Thelis y Peleo, Eris (Discordia) arrojó una manzana (en venganza por no haber sido invitada) en la que está escrito: "A la más bella". Hera, Atenea y Afrodita compiten por el título. Zeus le pide a Paris que decida entre ellos. Cada uno promete un regalo al joven que elija el de Afrodita: el amor de la mujer más bella. Este es el origen de la Guerra de Troya.

Afrodita ayudaba a otros mortales, pero también castigaba a dioses y mortales (la esposa de Minos, que se apareó con un toro y dio a luz al minotauro, por ejemplo).

En la época romana, Afrodita se asociaba a Venus.

Apollo

Apolo es hijo de Zeus y Leto, hermano gemelo de Artemisa. Nació en la isla de Delos, que le fue dedicada.

Dios solar, se le llama Febo-Apolo. Es el dios de la profecía y la adivinación, el dios de las artes, especialmente de la música, sanador, guardián de los pastores y amigo de los lobos.

Es tan buen arquero como Artemisa y da muerte a los hombres con las suaves flechas de la muerte, mientras que su hermana se la da a las mujeres.

Con la ayuda de Artemisa, venga a su madre de Niobe, que se había jactado de tener una descendencia mayor que Leto; y atraviesa al gigante Tityos, que había intentado violar a Leto.

Mata a la serpiente de Delfos, Pitón, hija de Gea que daba oráculos, tras ser atrapada por una ninfa. Así tuvo que ser purificado por haber matado a un gran oráculo. Luego estableció su propio oráculo en Delfos, donde nombró a su propia profetisa Pitia.

Dios de la música, inventó el laúd. Su instrumento favorito era la lira, que recibió de su hermanastro Hermes.

Ayuda a Heracles y a cambio Heracles propaga su culto porque ambos eran esclavos.

Apolo es un dios muy querido y protector de la ciudad de Troya, y otorga a los hijos de Príamo el don de la adivinación.

Sin embargo, es infeliz en el amor y no consigue seducir. Dafne prefiere transformarse en laurel; Marpessa elige a un mortal, Idas, de Apolo; éste concede un favor a la ninfa Sinopé si accede a sucumbir a él, ella elige permanecer virgen para siempre; ofrece mil años de vida a la Sibila de Cumas que lo rechaza, por lo que no le quita el hecho de envejecer; cuando Casandra lo rechaza, la maldice para que nadie crea las profecías que profiere.

Aracne

Aracne era una joven de Lidia. Experta en el arte de tejer, desafió a Atenea, diosa de los tejedores. Adoptando la apariencia de una anciana, Atenea se presentó ante Aracne y le aconsejó que reconsiderara sus palabras. Segura de sí misma, Aracne repitió sus palabras. Atenea reanudó entonces su aparición y aceptó el desafío.

El tapiz de Atenea representaba el destino de los mortales demasiado confiados, mientras que el de Aracne representaba las acciones escandalosas de los dioses. Siendo los dos tapices tan bellos el uno como el otro, Atenea, por celos y venganza, transformó a Aracne en una araña que conservó su nombre y su habilidad.

Ares / Marte

Dios de la guerra, se le asocia con Marte en los romanos.

Es el único hijo legítimo de Zeus y Hera. Es uno de los doce olímpicos.

Ares no tiene esposa, pero sí muchas amantes. Una de ellas es Afrodita.

Afrodita (esposa de Hefesto) dio a Ares tres hijos: Harmony y los gemelos Fobos (Miedo) y Deimos (Terror).

Helios (el Sol), que estaba espiando a Ares y Afrodita, informó a Hefesto de lo que estaban haciendo. Hefesto creó una red en su fragua y la colgó sobre su cama y le dijo a Afrodita que se iba de viaje. Cuando los dos amantes estaban en la cama, Hefesto dejó caer la red de la que ni Ares ni Afrodita pudieron escapar. Hefesto llamó a los demás dioses y se burló de ellos (las diosas no quisieron presenciar esta humillación).

Ares es un dios guerrero de la guerra, su enemiga (sobre todo en el campo de batalla) es Atenea (diosa de la estrategia y del verdadero valor en la batalla) que se impone sobre él.

Argos

Este es el barco que Jasón usó para ir en busca del Vellocino de
Oro. Se necesitaban cincuenta remeros para moverlo, y tenía la
capacidad de predecir el futuro.
Cuando terminó su viaje, el Argos se convirtió en una constelación.

Artemisa / Diana

Es la diosa de la caza, hermana de Apolo e hija de Leto y Zeus.
Artemisa es la diosa virgen de la caza, protectora de los animales,
los niños y la virginidad. Atraviesa las montañas y los bosques
acompañada de sus ninfas.
Arquera ejemplar, castiga a los que quieren atacar a su madre y
mató a la mayoría de los hijos de Niobe, que se había jactado de
tener más hijos que Leto.
Artemisa es diosa de la Luna y forma con Hécate y Perséfone las
tres fases de la Luna.
Castigaba severamente a quienes olvidaban rendirle homenaje.
Diana para los romanos es Artemisa para los griegos.

Atenea / Minerva

Hija de Zeus, es una de las doce olímpicas.
Salió del cráneo (o muslo) de su padre cuando Hefesto lo abrió
con un hacha. Ya era adulta y llevaba armas a la batalla.
A menudo se representa a Atenea con armadura, equipada con
un casco, un escudo redondo y una lanza. Su animal es el búho.
En su escudo está pintada (o prendida) la cabeza de Medusa que

Pierce le devolvió.

Atenea es la diosa de la guerra, las artes y varias profesiones.

Atenea permaneció virgen pero, a diferencia de Artemisa, no rehuyó a los hombres.

Es la patrona de muchas ciudades, entre ellas Atenas, a la que enfrentó con Poseidón, pero los atenienses prefirieron el regalo de Atenea (un olivo) al de Poseidón (una fuente de agua salobre).

En Atenas, Poseidón es venerado justo después de Atenea.

Atenea es también la protectora de varios héroes (Perseo, Belerofonte, Heracles, Jasón, Diomedes y Ulises).

Los romanos asociaban a Atenea con Minerva.

Atlántida / Atlantide

País situado más allá de las columnas de Hércules (estrecho de Gibraltar), da nombre al océano (Atlántida).

Sus habitantes se llaman atlantes.

Los dioses regalaron a Poseidón la Atlántida, donde se enamoró de Clito (o Clío, una musa), que le dio cinco pares de gemelos, el mayor de los cuales gobernó la Atlántida.

Allí se construyó una ciudadela fuertemente fortificada.

Los atlantes estaban dotados para el arte de la metalurgia, se encontró oro en abundancia, así como un metal precioso desconocido en otros lugares: el oricalco. La fauna y la flora eran abundantes y maravillosas.

Los atlantes disputaron a Atenas la supremacía del mundo. Fueron a la guerra contra ellos y fueron derrotados. Para castigarlos por su inmoralidad, el mar se tragó la Atlántida.

Platón es el primero en hablarnos de este país legendario (en Timeo y Critios).

- **Historia**

Según recientes estudios arqueológicos, parece que la Atlántida es la isla de Santorini (isla griega) que se llamaba Akrotinis antes de ser parcialmente engullida tras una gran erupción volcánica

Mitología para frikis

(Akrotinis fue engullida bajo más de 20 metros de ceniza). Al mismo tiempo, Roussolakos (en Creta) sufrió un tsunami. Se encontraron pruebas de los tsunamis en la costa de Israel. Estos tres acontecimientos parecen ser uno y el mismo.

Atropos

Atropos es el nombre de una de las tres Moires y significa "inevitable". Es la que corta el hilo de la vida.

Baco / Dionisio

Dioniso es el dios grecorromano del vino y promotor de la agricultura. Es hijo de Zeus y Sileno. Sileno murió antes de nacer y, para salvarlo, Zeus le abrió el muslo y colocó a su hijo dentro. Dos meses después, Zeus se abrió el muslo y salió Dioniso. Para protegerlo de los celos de Hera, Zeus confió a Dioniso a las ninfas para que lo criaran. Dioniso tiene el poder de golpear con la locura a quienes se niegan a rendirle homenaje. Le acompañan los sátiros. Las mujeres que le rinden homenaje van vestidas con pieles de animales y, por la noche en las montañas, se llaman mis ménades (o bacantes). Más tarde, Dioniso se convirtió en dios del placer y la exaltación.

Baco tiene muchos apodos, entre ellos: Bromios, Dentrites, Eleuthereus y Enorches.

- **Bromios**

Bromios significa el que tiembla. Este es uno de los nombres de Baco.

Calíope

Calíope es una de las Musas.
Se la asocia con la poesía épica.
Su nombre significa "con voz armoniosa".

Casandra - Casandra

Casandra es hija de Príamo (rey de Troya) y de su esposa Hécuba. Es la hija más hermosa de Príamo. Cuando Apolo la ve, se enamora de ella y la corteja, otorgándole el don de la profecía. Pero ella lo rechaza y él la maldice escupiéndole en la boca: todo lo que diga será verdad pero nadie la creerá.

Cuando conoce a Paris, sabe la desgracia que éste causará al raptar a Helena, lo que desembocará en la Guerra de Troya porque es allí donde se refugiarán.

Cassandra también adivina la trampa del caballo pero nadie la cree.

Durante la batalla para tomar Troya, se refugia en el templo de Atenea, donde Áyax la atrapa y la viola delante de la estatua de Atenea, que mira hacia otro lado horrorizada. Por este sacrilegio, la diosa mata a muchos griegos en el camino de vuelta (incluido Áyax). Además, el pueblo de Áyax debe pagarle tributo durante mil años.

Casandra forma parte del grupo de guerra de Agamenón. Ella le dice que ambos morirán si acuden a él y él se niega a creerla. Cuando llegan a Micenas, Casandra es asesinada por Clitemnestra (esposa de Agamenón) mientras que él es degollado por el amante de Clitemnestra.

- **Arte**

En el arte (especialmente en la literatura), el nombre de Casandra se asocia a personas con el don de la profecía.

Casíopea

Casiopea es hija de Arabos (hijo de Hermes), esposa de Cefeo y madre de Andrómeda.

Casiopea pensaba que su hija era más bella que las Nereidas. Se quejaron a Poseidón, que envió una serpiente para vengarlos. El oráculo de Zeus decidió que Andrómeda debía ser entregada a la serpiente y fue encadenada a la roca. Perseo se deshizo de la serpiente levantando la cabeza de Medusa y la convirtió en piedra. Tras el acuerdo con el rey Cefeo, Perseo se casó con Andrómeda. Cuando Andrómeda murió, ella, su marido, sus padres y la serpiente fueron colocados entre las estrellas.

Centauro

Los centauros tienen el cuerpo de un caballo con el torso, los brazos y la cabeza de un hombre. Pueblo montañés, hijo de Centauro o Ixón, vivía originalmente en el monte Pelión, en Tesalia. Son criaturas salvajes, carnívoras y con un estilo de vida subido de tono. Invitados a la boda de Pirithous, los centauros se emborrachan con vino e intentan llevarse a las mujeres, incluida la novia. Se desató una sangrienta lucha y muchos centauros murieron. Los centauros huyeron a Arcadia, pero tuvieron que huir cuando Heracles insistió en beberse la jarra que Dyonisos les había ofrecido. Se desató una lucha y los centauros tuvieron que huir de nuevo tras la muerte de muchos de ellos, entre ellos Quirón. Poseidón les dio refugio en una montaña del Ática.

Cerberus

Cerbero es el perro de Hades que guarda la puerta del inframundo. Es hijo de Tifón y Equidna y hermano de la Hidra y la Quimera.

Su función es impedir que los muertos abandonen el Inframundo. Se echa a los pies de los muertos que regresan, pero no le gusta dejar pasar a los vivos. Orfeo le encanta con su música mientras la Sibila de Cumas le arroja un trozo de pastel drogado. Uno de los trabajos de Hércules es llevar a Cerbero de vuelta a Micenas. Sin embargo, Hércules tiene que llevarse a Cerbero de vuelta al Inframundo porque su aspecto es demasiado aterrador.

Ceres - Deméter

- **Mitología de Ceres**

Diosa romana de la agricultura, inicialmente se la veneraba con Tellus (diosa de la Tierra), pero más tarde se la equiparó con Deméter y se le aplicó el culto de Deméter.

- **Mitología de Deméter**

Gran diosa madre de la Tierra y deidad de la fertilidad.

Es una de los seis hijos de Cronos y Rea y uno de los doce grandes dioses olímpicos.

Tuvo una hija con Zeus: Perséfone.

Un día en que Perséfone recogía flores en Sicilia, Hades la vio y se la llevó en su carro a su reino (el inframundo).

Cuando Deméter se enteró de la desaparición de su hija, recorrió la tierra en su busca. La llevaron a Helios, que le contó lo que había pasado. Desesperada, Deméter azotó la tierra con la sequía, especialmente Sicilia, que no había protegido a su hija. Caminó por la tierra bajo diversas formas. Cuando su hermano, Poseidón, la vio, quiso violarla pero ella huyó en forma de yegua, Poseidón se transformó en caballo (su animal sagrado) y pudo atraparla y unirse a ella en esta forma. De esta unión nacieron Areion (un caballo) y la diosa Despoina. Durante sus andanzas por la Tierra, concedió beneficios a los acogedores y castigó a los inhóspitos.

A su paso por Eleusis, la reina la recibió y, en vista de su hospitalidad, Deméter se ofreció a criar al hijo recién nacido de la reina (Demofonte). Deméter intentó hacerlo inmortal y cuando la reina se enteró, gritó, Deméter reveló su identidad y pidió que se levantara un templo en el que Celeos (el rey) debía realizar nuevos rituales en su honor y mantenerlos en secreto: los Misterios de Eleusis.

Tras un año en el templo, Zeus envió a Iris (personificación del arco iris, mensajera de los dioses) a Deméter porque la tierra seguía seca. Deméter pidió que le devolvieran a su hija. Zeus accedió con la condición de que Perséfone no consumiera alimentos del inframundo. Hermes fue enviado a buscar a Perséfone, que fue devuelta a Deméter. Por desgracia, Perséfone había comido algunos granos de granada. No queriendo condenar a los hombres a la inanición eterna, se decidió que Perséfone permaneciera en la tierra con su madre durante parte del año y pasara el resto del año con su marido en el inframundo.

(Originalmente, Perséfone pasaba el verano en el inframundo y regresaba a la Tierra durante la época de siembra, en otoño, hasta la cosecha, en verano, cuando volvía al inframundo. Una versión más reciente hace de Perséfone una diosa del verano que sólo se reúne con su marido en invierno).

Cuando Tántalo invitó a los dioses a su mesa y sirvió a su hijo Pélope como guiso, Deméter fue la única que se lo comió y, cuando revivió, le regaló una paletilla de marfil para sustituir a la que se había comido.

Caos

El caos es uno de los elementos no personificados en la mitología grecorromana. Es el vacío primordial del que surgieron la tierra (Gaia), la oscuridad (Erebus) y la noche (Nyx). Algunos mitos hacen de Eros el hijo del caos y no de Afrodita.

Caronte

Caronte es hijo de Erebo (oscuridad) y Nyx (noche).
Es el barquero que permite a los muertos cruzar el río Estigia hasta su hogar en el reino de Hades. Por su pasaje, los muertos debían pagar a Caronte. Por eso los griegos enterraban a sus muertos con una moneda en la boca.
Cuando Heracles obligó a Caronte a dejarle cruzar gratis, Hades castigó a Caronte encadenándolo durante un año.

Quimera

La quimera es un monstruo hidruro nacido de Tifón y Equidna (Equidna tenía como hermanas a las gorgonas).
La quimera tiene cabeza de león, cuerpo de cabra y cola de dragón (o serpiente). Es capaz de escupir llamas.
Belerefonte consigue matar a la Quimera atacándola desde el cielo (montando a Pegaso) y acribillándola a flechazos.

CHRONOS

Cronos es el dios del tiempo, representado como un anciano armado con una guadaña.

CIRCE

Circe es hija de Helios (dios del Sol) y de una Oceánida.
Gran maga, vive en la isla de Aeaea, cerca de la costa occidental italiana. Jasón y Medea acuden a ella para purificarse tras el asesinato de Apsyrtos. Es conocida por convertir en animales a sus enemigos o a quienes la ofenden.
Cuando Odiseo y sus compañeros llegaron a su isla, Circe los transformó en cerdos, excepto a Euríloco, cuyo comportamiento no mereció las represalias de Circe, y a Odiseo, que tenía una hierba dada por Hermes que lo protegía. Fue compañero de Circe durante un año antes de volver a casa.
Las leyendas italianas cuentan que Telégonos es hijo de Circe y Odiseo. Cuando Circe envió a Telégonos a ver a su padre, éste llegó después de la muerte de Odiseo. Llevó a Penélope y Telémaco de vuelta a Eea, donde Penélope se convirtió en la esposa de Telégonos y Telémaco en el marido de Circe.

CLIO

Clío es una Musa (hija de Zeus y Mnemosyne (memoria) y, más concretamente, la Musa de la Historia.
Las Musas son las diosas de las artes nobles, la música y la literatura, extendiéndose más tarde a ciertas ciencias (historia, astronomía). Fueron popularizados por los poetas que les atribuyeron su inspiración.

Cverno de la abvndan-cia

Amaltea era la ninfa que alimentaba a Zeus. Tenía una cabra. Un día, la cabra se rompió uno de sus cuernos. Las ninfas lo llenaron de fruta para alimentar a Zeus. Cuando tuvo edad para marcharse, devolvió el cuerno a las ninfas. Desde entonces, el cuerno se llena con lo que su dueño desea y se le llama el cuerno de la abundancia.

Creo / Creonte

Hijo de Menoceso, hermano de Yocasta, se convirtió en el tirano de Tebas tras la muerte de Laios hasta el advenimiento de Edipo. Declaró que el cuerpo de Polinices no tenía derecho a ser enterrado y mandó matar a Antígona por desobedecer.

Cronos / Satvrno

Hijo de Ouranos (el cielo) y Gea (la tierra), era un titán que tomó como esposa a su titánica hermana Rea. Era el rey de los Titanes. Gea se quejó a Cronos del maltrato a Ouranos al encarcelar a sus hijos. Le dio a Cronos una hoz de pedernal para que desafiara a su padre.
Con la hoz, Cronos cortó el falo de Ouranos y lo tiró. De su sangre surgieron los Erinyes, los gigantes y las ninfas.
Cronos reinó en lugar de su padre, pero temiendo correr la misma suerte, se comió a todos sus hijos cuando Rea los dio a luz. Sólo consiguió salvar a Zeus, sustituyéndolo por una lánguida

piedra.

Zeus fue criado en secreto por las ninfas y se casó con la oceánide Métés. Zeus convenció a su esposa de que le diera a Cronos un emético para que le devolviera a sus otros cinco hijos. Entonces Zeus, con la ayuda de Hestia, Deméter, Hera, Hades y Poseidón, emprendió una guerra contra su padre, al que consiguieron derrotar. Zeus ocupó su lugar y lo envió al Tártaro, donde los Hecatónquiros se encargaron de custodiarlo.

Cronos se asocia con Saturno en la época romana.

Cupido / Eros

Cupido es el dios del amor.

Es hijo de Afrodita (diosa del amor y la lujuria).

Hiere de amor, gracias a las flechas que lanza, a los dioses y a los hombres sin distinción. Las flechas con punta de oro provocan amor compartido, mientras que las flechas con punta de plomo provocan amor decepcionado.

Es él quien dispara una flecha a Medea, que se enamora de Jasón y traiciona a su propio pueblo para ayudar a Jasón.

Cupido es Eros para los griegos.

Cíclope

Los cíclopes son gigantes con un solo ojo en medio de la frente. La mayoría de ellos son hijos de Ouranos y Gaia, a quienes Ouranos empujó de vuelta a la tierra. Cuando Cronos mató a Ouranos, Gea pudo dar a luz a los cíclopes (otros "monstruos"); pero Cronos los encerró en el Tártaro. Sólo cuando los Olímpicos vencieron a los Titanes, Zeus los liberó del Tártaro, donde eran arrojados los Titanes derrotados. Algunos de estos cíclopes trabajan para Hefesto en su fragua.

Los cíclopes son muy buenos constructores de fortalezas.

Algunos cíclopes son hijos de dioses, como Polifemo, hijo de Poseidón, a quien Ulises conoce durante su Odisea.

DÉDALO - DÉDALO

Artesano de la mítica Atenas, su nombre significa "ingenioso".

Era el mejor escultor y pintor de Atenas, además de un fabuloso ingeniero. Su hermana le confió a su hijo, Perdix, para que le enseñara lo que sabía. Partridge demostró tener más talento que Dédalo (cuenta la leyenda que Perdix inventó la sierra, la brújula de agrimensor y el torno de alfarero). Por celos, Dédalo empujó a Perdiz desde una torre. Cuando Atenea lo vio caer, lo convirtió en una perdiz. Por este crimen, Dédalo fue condenado al exilio y se refugió en Creta.

A petición del rey Menor (rey de Creta), Dédalo realizó numerosas obras.

Para complacer a la reina Pasífae, Dédalo le construyó un simulacro de vaca en el que podía esconderse para satisfacer su pasión por un toro. De esta unión nació el Minotauro (mitad hombre y mitad toro). Minos pidió a Dédalo que construyera un laberinto para esconder al Minotauro. El laberinto estaba construido de tal manera que nadie podía salir.

Cuando Teseo llegó a Creta, Dédalo fabricó el hilo y se lo dio a Ariadna para que pudiera ayudar a Teseo a matar al Minotauro y salir del laberinto.

Menor se enfureció y encerró a Dédalo y a su hijo Ícaro en el laberinto. Para escapar, Dédalo fabricó dos pares de alas con plumas y cera, diciéndole a Ícaro que no volara demasiado alto (la cera se derretiría) ni demasiado bajo (el rocío lastraría las plumas). Consiguieron escapar, pero Ícaro voló demasiado alto y el sol derritió la cera, haciéndole caer al mar y morir.

Dédalo se refugió en Sicilia, donde fue acogido por Cocalos.

Cuando Minor descubrió el paradero de Dédalo, quiso apoderarse de él. Pero la fortaleza de Cocalos, construida por Dédalo, era inexpugnable. Cocalos invitó a Minor a darse un baño. Gracias al sistema de cañerías construido por Dédalo, Minor murió escaldado por el agua caliente.

- **IDIOMA**

Un laberinto: un lugar en el que es difícil orientarse (también puede utilizarse para textos jurídicos, por ejemplo).

Un rastro de migas de pan: una serie de observaciones y deducciones que, al rastrear un suceso hasta su causa original, proporciona la explicación y la solución del problema.

DAPHNE

Dafne es una ninfa, hija del río Peneo. Es una cazadora virgen (como Artemisa) que rechaza la compañía de los hombres. Oenomas se enamoró de Dafne y se disfrazó de mujer para estar con ella y adoptó el nombre de Oeno. Daphne aceptó a Oeno como cazadora. Apolo, celoso, inspiró el baño a las compañeras de Dafne. Oeno se negó y las ninfas rasgaron su túnica y vieron que era un hombre. Lo mataron por su astucia.

Apolo, que seguía enamorado de Dafne, pero ella lo rechazó categóricamente. Apolo se había burlado de Eros, el dios del amor, y en venganza envió una flecha de oro a Apolo, que se enamoró de Dafne, pero Dafne recibió una flecha de plomo y se volvió insensible al amor. Apolo persiguió a Dafne hasta las orillas del Peneo. Negándose a ser suya, Dafne suplicó ayuda a los dioses y su padre la arraigó al lugar y la convirtió en un árbol de laurel. A partir de ese día, una rama de laurel decora la lira y el carcaj de Apolo, así como las cabezas de los juglares.

Dentrites

Dentrites significa el que sirve vino. Es uno de los nombres de Baco.

Deucalión

Deucalión era hijo de Prometeo. Su esposa era Pirrha.

Cuando Zeus decidió destruir a la humanidad por sus crímenes, Prometeo aconsejó a Deucalión y a su esposa que construyeran una barca (arca) y acumularan provisiones. Cuando Zeus desató un diluvio sobre la humanidad, Deucalión y su esposa se refugiaron en su barca y se salvaron. Cuando bajó el nivel del agua, quedaron varados en el Parnaso. Al ver que eran los últimos humanos de la Tierra, hicieron una ofrenda a los dioses para crear una nueva raza de humanos. Hermes, en forma de oráculo, les aconsejó que se echaran sobre los hombros los huesos de su madre. Deucalión, reacio a profanar a los muertos, comprendió finalmente que eran los huesos de la madre tierra. Deucalión y Pirra recogieron piedras y las lanzaron como les había dicho el oráculo. Las piedras lanzadas por Deucalión se convirtieron en un hombre y las lanzadas por Pirra en una mujer.

Egeria - Egeria

Era una ninfa (o náyade) romana.

El segundo rey (mítico) de Roma (Numa Pompilio), famoso por su sabiduría, se casó con ella o la hizo su amante, y siguió sus consejos.

Cuando el rey murió, Egeria estaba inconsolable y se refugió en el bosque para llorar. Para calmar su pena, Diana la transformó en una fuente.

En Roma, se la veneraba como diosa que presidía los nacimientos.

- **IDIOMA**

Una musa es una mujer capaz de aconsejar y dirigir permaneciendo en un segundo plano pero cuyas opiniones son escuchadas

Una musa es una personificación, un emblema de un pensamiento...

EREBUS - ERÈBE

Erèbe significa "oscuridad".

Hijo del Caos (vacío primordial), se une a su hermana Nyx (la noche) que engendra a Aether (el cielo superior), Hemena (el día) y Caronte (el barquero del inframundo).

Erèbe se refiere más a un lugar, la oscuridad infernal, que a una divinidad.

FURIAS / ERINYES

Las Furias son la personificación del espíritu de venganza, especialmente cuando se comete un asesinato en el seno de la familia (o de parientes cercanos en sentido amplio). Persiguen al asesino y lo abaten con locura.

Son tres: Alecto ("la implacable"), Musaraña ("la malévola") y Tisifoné ("la vengadora del asesinato").

Son las hijas de la noche (Nyx) o las hijas de la tierra (Gaia).

Cuando no están en la tierra, permanecen en el Tártaro, donde infligen su terrible castigo a los allí condenados.

Las Erinyes acompañan a veces a Hécate durante estos vagabundeos por los cementerios.
Los griegos las llaman Erinyes y los romanos Furias.

Gaia

Gaia (la Tierra) fue la primera en nacer del caos primordial, al mismo tiempo que el Tártaro, la noche (Nyx), la oscuridad (Erebus).
Dio origen a Ouranos (el cielo), Pontos y las demás montañas.
La unión del cielo y la tierra dio origen a los Titanes (así Cronos y Rea), a Océano y Tetis, a los Cíclopes (primordiales). Pero Ouranos no pudo soportar la visión de los cíclopes y los empujó de nuevo al vientre de la tierra. Gaïa dio una hoz a Cronos para que pudiera castrar a su padre y ocupar su lugar en el trono. De la sangre que goteaba del falo de Ouranos surgieron las furias, los gigantes y las Meliades (ninfas del fresno). El sexo de Ouranos aterrizó en el mar y de la mezcla con la espuma nació Afrodita.
Pero Cronos demostró ser tan cruel como su padre encerrando a los cíclopes en el Tártaro y devorando a sus hijos a medida que nacían. Sólo Zeus logró salvarse porque Rea (su madre) y Gea lo cambiaron por una piedra lánguida.
Gaia es la inspiración de muchos oráculos y muchos templos le rindieron homenaje.
Es la madre primordial, la fundadora de los linajes de la mayoría de los dioses.

Gorgonas

Las Gorgonas son criaturas femeninas, de las que hay tres. Se llaman Stheno (fuerza), Euryale (cuya superficie es grande) y Medusa (reina). Son hijas de dos deidades marinas: Ceto y Phorcys. Eran muy hermosas e inmortales.

Se dice que Medusa presumía de ser más bella que Atenea. Para castigarla, Atenea hizo mortal a Medusa, lo que permitió a Perseo matarla cortándole la cabeza. Embarazada entonces de Poseidón, de su sangre nacieron Pegaso y Crisaor.

Más tarde, las Gorgonas se convierten en horribles criaturas que convierten en piedra a todos los que se encuentran con sus ojos. En el reino de Hades, la sombra de Medusa aterroriza a los muertos.

GRACE

Las Gracias, a veces llamadas Caritas, son las hijas de Zeus y Eurínome (hija de Océano y Tetis). Suelen ser tres y personifican la belleza, la amistad y la dulzura, o la belleza, el encanto y la alegría. Se llaman Aglaia (resplandor, brillo), Euphrosyne (serenidad) y Thalia (florecimiento).

Las Gracias son las compañeras de las Musas, Afrodita, Apolo y Dioniso.

Los romanos los llaman Gratiae.

HADES / PLUTÓN

Hijo de Cronos y Rea, recibe el interior de la tierra, el reino de las sombras, cuando el mundo se reparte con Zeus y Poseidón.

Su esposa es Perséfone.

El Hades es el guardián de su reino (el Infierno) del que nadie puede salir y donde todos están sometidos a su ley. Hermes, el mensajero de los dos, es el único que puede hacer el viaje sin tener que pagar tributo para marcharse.

Hades se asocia con Plutón en la época romana.
En la antigüedad, el término Hades se refería tanto al dios como al lugar.

Armonía

Harmonía es hija de Ares y Afrodita. Fue dada en matrimonio a Cadmo, rey de Tebas. Los dioses asistieron a su boda y les hicieron muchos regalos. Sin embargo, el vestido de novia y el collar hechos por Hefesto traerían la desgracia a los descendientes de Harmonía. Sólo Polydoros viviría una larga vida.

Armonía es la madre de Sémele, madre de Dioniso, que murió por haber pedido a su amante que se mostrara en todo su poder. La omnipotencia de Zeus no podía ser soportada por seres no divinos.

Arpía

Las Arpías ("las captoras") son mujeres monstruosas con alas. Se dice que son responsables de todas las desapariciones.

Hijas de Thaumas y Electra, su hermana es Iris.

Suelen ser tres (o cuatro): Aello ("ráfaga de viento"), Okypété ("vuelo rápido"), Célaeno ("oscuro como una nube de tormenta") y Podargé ("pies rápidos").

Al unirse con Zephir (el viento del oeste), Podargé da a luz a Xanthos y Balios (los caballos de Aquiles).

Harpócrates

Harpócrates es la transcripción griega del nombre del dios egipcio Hor-pa-khered, "Horus el niño", concebido por la diosa Isis tras la muerte de Osiris.

Muchas estatuillas lo representan como un niño desnudo con un dedo en la boca.

- **Mitología del niño Horus :**

Horus necesita a su madre para crecer y vivir. Un día le pica un escorpión e Isis le cura con magia.

Puede representársele como vencedor de animales venenosos, de pie sobre un cocodrilo en las estelas de los curanderos (asociados entonces al dios Shed).

Heredero de Osiris, encarna la permanencia de la función monárquica. La imagen de Isis amamantándolo sentada en su regazo se convertirá en la iconografía de la Virgen con el Niño.

Hera / Juno

Hija de Cronos y Rea, es engullida al nacer por su padre junto a sus hermanos y hermanas (Hades, Poseidón, Deméter, Hestia), excepto Zeus, que es cambiado por una piedra. Ya adulto, Zeus obliga a Cronos a escupir a sus hijos, que luchan contra él por el poder.

Hera se convierte en la esposa de Zeus (es la diosa de las diosas) y le da varios hijos (Ares, Ilithyia y Hebe) y concibe sola a Hefesto. A su vez, Zeus da a luz a Atenea de su cabeza. Celosa, Hera da a luz a Tifón y lo convierte en el peor enemigo de Zeus.

Hera es la patrona del matrimonio y la fidelidad; castiga a los hombres infieles, empezando por las conquistas de su marido y sus hijos.

Varios hombres intentaron conquistarla (violarla) y todos fueron castigados (por Zeus o Artemisa).

Los romanos asocian a Hera con Juno.

HÉRCULES / HERACLES

Hijo de Zeus y Alcmere.

Alcmere fue fiel a su marido (Anfitrión). Zeus intentó seducirla, pero ella se negó. Deseoso de poseerla de todos modos, Zeus tomó la forma de Anfitrión y se unió a Alcmere en su lecho. Así se concibió Hércules.

Alcmere dio a luz a dos gemelos: Hércules (hijo de Zeus) e Ificles (hijo de Anfitrión).

Al nacer, Hera, celosa de la aventura de Zeus, colocó serpientes en la cuna de Hércules, pero éste las estranguló.

Hércules tuvo muchos maestros, entre ellos Linos, que le enseñó música. Un día, Linos discutió con Hércules, quien, furioso, hizo caer su laúd sobre la cabeza de Linos y murió. Como castigo, Hércules tuvo que custodiar el rebaño de Anfitrión cerca de Tebas.

Siendo adolescente, Hércules liberó a los tebanos (habitantes de Tebas) del exorbitante impuesto que debían pagar como compensación por la muerte del rey (Clymenos). Para recompensarle, el rey de Tebas ofreció su hija a Hércules: Megara, que le dio tres hijos: Tersimaclos, Creintidas, Deicoon.

Cuando murió el rey de Tebas, un usurpador ocupó su lugar y se convirtió en tirano. Hércules lo mató. Durante la celebración de la victoria, Hera, aún celosa del romance de Zeus con Alcmera, enloqueció a Hércules y éste mató a sus hijos y a su esposa. Este acontecimiento es el origen de los doce trabajos que Hércules debe realizar para expiar su falta.

Éstas son las doce tareas que debe realizar Hércules:

1. matar al león de Nemea ? Hércules lo estrangula (con sus propias manos).

2. ¿Destruir la Hidra de Lerna? Hércules es ayudado por su sobrino que quema/causa la base de las cabezas mientras Hércules las corta.

3) Atrapa al jabalí Erymanthus... Hércules lo saca de su guarida y corre a agotarlo.

4. ¿Capturar la cierva de Cerynia? Hércules lo persigue durante un año antes de conseguir atraparlo.

5) ¿Exterminar las aves del lago Stryphale? Hércules los asusta y luego les dispara sus flechas (consejo de Atenea).

6. ¿Limpiar los establos de Augías? Hércules desvía dos ríos para conseguirlo (en una noche).

7. ¿Capturar el toro de Creta? Hércules captura al toro con el permiso de Minos.

8. ¿Secuestrar las yeguas de Diomedes? Diomedes alimenta a sus yeguas con carne humana. Hércules las captura, Diomedes las atrapa y Hércules da de comer a Diomedes a las yeguas que se vuelven dóciles a partir de ese momento.

9) Quítale el cinturón a Hipólita (Reina de las Amazonas) Hipólita se enamora de Hércules y le regala su cinturón.

10. trasladar el rebaño de bueyes de Gerión (y llevarlo a Argos) ? Hércules lo consigue y lleva a cabo muchas hazañas durante esta aventura (es cuando erige las columnas en el Estrecho de Gibraltar).

11) Al traer las manzanas de oro de las Hespérides... sin saber dónde encontrarlas, Hércules propone a Atlas ir allí y Hércules ocupa temporalmente el lugar de Atlas para sostener la bóveda celeste.

12 ¿Capturar Cerberus? Hércules consigue atarle las piernas y lo saca del inframundo, pero tiene que llevarlo de vuelta porque Cerbero da demasiado miedo.

Hércules realiza muchas más hazañas y vive muchas más aventuras.

Su última esposa es Deianira. Ella, por celos, le envía una túnica roja (cubierta con la sangre de un centauro) creyendo que así se aseguraría la lealtad de Hércules. Cuando Hércules se la pone, arde desde dentro hacia fuera, así que manda construir una pira y pide a su amigo Filoctetes que la encienda. Atenea lo lleva al Olimpo, donde recibe a Hebe como esposa.

Hércules (para los romanos) se llama Heracles para los griegos.

Helena de Troya

Helena es hija de Zeus y Némesis. Un día, Zeus la perseguía con sus avances y para escapar, Némesis se transformó en ganso. Zeus se transformó en cisne y se unió a ella en esta forma. Némesis puso un huevo del que nació Helena. Helena fue criada por Leda y a veces se la considera su hija. Era muy bella y se dice que Afrodita le dio el poder de seducir a cualquier hombre que quisiera.

Cuando tuvo edad para casarse, se le presentaron muchos pretendientes. Todos ellos tuvieron que jurar defender y proteger al marido de Helen (para evitar una serie perpetua de asesinatos). Menelao, rey de Esparta, fue elegido como su esposo. Se fue a vivir a su corte. Helena dio a Menelao una hija: Hermione. Cuando Paris, hijo de Príamo, rey de Troya, vino de visita a Esparta, se enamoró de los encantos de Helena. Tras atraer los favores de Afrodita, Helena se enamoró de Paris. Paris y Helena huyeron a Troya donde se casaron. Cuando Paris murió, Helen se casó con el hermano de Paris, Deiphobe.

Cuando Menelao descubrió la huida de Helena y Paris, convocó a todos los antiguos pretendientes de Helena y reunió un ejército para atacar Troya. Se trata de la famosa Guerra de Troya. Al final de la guerra, Menelao salió victorioso con Helena.

Hay varias versiones sobre la muerte de Helena. Menelao la mata cuando llegan a Esparta tras la guerra de Troya. Helena es asesinada por las criadas de la reina de Rodas disfrazadas de Erinyes. Helena es la protectora de los marineros, junto con sus hermanos Cástor y Pólux.

Hesperus / Hespérides

Las Hespérides son las hijas de la noche. Ninfas, se dice que son hijas de Atlas y Pleioné (o Hesperis) o de Nyx y Erebus.

Viven en un jardín en el lejano oeste y son los guardianes, con la ayuda del dragón Ladón, del manzano de oro que Gea regaló a Hera en su boda.

Para cumplir su undécima tarea, Heracles convence a Atlas para que vaya a buscar manzanas de oro para él. Sin embargo, Atenea se aseguró de que le devolvieran las manzanas una vez cometida la fechoría.

- **IDIOMA**

Hesperis (latín): de la noche.

HIPPOLYTA (REINA)

Reina de las Amazonas, recibió un cinturón de Ares.

Cuando Hércules viene a coger el cinturón (es su noveno trabajo), Hipólita se enamora de Hércules y se lo da.

Hera, furiosa porque Hércules había tenido éxito tan rápidamente en su tarea, adoptó la apariencia de una amazona y difundió el rumor de que Hércules quería secuestrar a Hipólita. Las Amazonas toman las armas y atacan a Hércules y sus compañeros. Hércules, creyendo que Hipólita está faltando a su palabra, lucha y la mata.

ÍCARO - ÍCARUS

Hijo de Dédalo, es encarcelado con él en el Laberinto del Minotauro por Minos cuando éste descubre que Dédalo ha ayudado a Teseo a matar al Minotauro y a escapar.

Sabiendo que es imposible salir del Laberinto de la forma tradicional sin ayuda, Dédalo fabrica alas con plumas y cera para poder escapar volando. Dédalo aconseja a Ícaro que no vuele demasiado bajo para que el rocío del mar no lastre las plumas ni demasiado alto para que la cera no se derrita.

Ícaro y Dédalo consiguen escapar volando hasta llegar al mar que separa Grecia de Asia Menor. Lleno de alegría, Ícaro se deja llevar y vuela demasiado cerca del sol, lo que provoca que la cera se derrita e Ícaro sea arrojado al mar que desde entonces lleva su nombre. Dédalo desembarca en la isla donde aparece el cuerpo de Ícaro y le da el nombre de Icaria, donde lo entierra.

Janus

(romano) dios de los comienzos, las puertas y las ventanas. Se le representa con dos caras, cada una mirando a un lado (pasado/futuro; invierno/verano...). Él es el garante del curso del año, todo lo que comienza le concierne (primer mes del año, primer día del mes, el comienzo de cada hora y el comienzo de la vida). Su templo estaba en el foro de Roma, que los soldados utilizaban antes de ir a la guerra, por lo que las puertas del templo estaban siempre abiertas en tiempo de guerra y siempre cerradas en tiempo de paz.

Su esposa era Camisé y su hijo Tiberio (que dio nombre al Tíber al ahogarse en él).

Leteo

El Leteo (olvido) es el río que atraviesa el inframundo. Los espíritus de los muertos bebían de ella para olvidar su vida terrenal.

Ménades

Las ménades, o bacantes, son las mujeres que acompañaban a Dioniso en sus viajes. En una locura extática, cantan, bailan y tocan música en las montañas. Vestidos con pieles de animales, llevan en la mano un thyrse (un palo rematado con una piña) y van coronados con hiedra, hojas de roble o agujas de abeto. También llevan antorchas, serpientes y racimos de uvas. Su fuerza física les permite desgarrar y devorar animales salvajes. Despreocupados por el decoro, mataban a quienes les espiaban.
Su nombre (maenad) significa mujer poseída, enfurecida. A veces se les llama Thyiades: 'inspirados'.

Mnemesonis / Mnemosyne

Mnemosyne es una Titánide, hija de Cronos. Dio a luz a las musas como resultado de su unión con Zeus.
Mnemosyne significa Memoria.

Latona / Antiguos / Lantian

Latona (o Leto para los griegos)
Titánide, hija de Coeos y Febe.
Zeus se unió a Leto y ella quedó embarazada de gemelos. Hera, celosa de que Zeus ame a otra, declara que Leto no puede dar a

luz en la tierra y prohíbe a todos los países que la acojan. Cuando termina su embarazo, Leto vaga por la Tierra para encontrar un lugar donde dar a luz. Zeus, con la ayuda de Poseidón, la acompaña a una isla flotante: la isla de Delos. Durante nueve días, Leto sufre los dolores del parto hasta que Iris (diosa del arco iris, mensajera de los dioses a la Tierra y a los Hombres) consigue sobornar a Ilithia (diosa del parto) para que venga a ayudar a Leto a dar a luz, a pesar de que Hera se lo ha prohibido. Leto consigue entonces dar a luz a Apolo y Artemisa, los arqueros gemelos.

Tras este nacimiento, Poseidón fijó la isla con un pilar y se convirtió en sagrada.

- **Historia / Arqueología**

El Hombre de Lantian, de 600.000 años de antigüedad, es el homínido más antiguo hallado en China. Pertenece a la especie Homo erectus.

Lamia

Lamia fue amada por Zeus, que le dio un hijo. Hera, por celos, hizo que Lamia devorara a su propio hijo. Entonces enloqueció y se "convirtió" en un monstruo que vivía en una cueva y violaba a los niños para alimentarse de su sangre.

Lamia actuaba como hombre del saco en la antigüedad y puede considerarse un vampiro.

Lycaon

El primer hombre lobo fue Lycaon. Príncipe de Arcadia, sacrificaba a Júpiter Licao a los extranjeros que cruzaban su estado. Una noche, Júpiter se presentó anónimamente ante Licaón, que lo invitó a su mesa y le ofreció hospitalidad para pasar la noche.

Licaón quería sacrificar a Júpiter, pero se aseguró de que no era un dios. Para ello, hizo servir a su invitado un guiso de carne humana. Por orden de Júpiter se encendió un fuego vengativo que arrasó la casa y transformó a Licaón en lobo.
Podía volver a la forma humana al cabo de diez años, siempre que se abstuviera de comer carne humana.

Meta / Medusa

Medusa es la más famosa de las Gorgonas.
Las tres gorgonas son hijas de Phorcys y Ceto (deidades marinas). Se llaman Stheno ('fuerza'), Euryale ('cuya área es amplia') y Medusa ('reina'). Son inmortales. Sin embargo, Atenea dio a Perseo el poder de matar a Medusa porque ésta se había jactado de ser más bella que Atenea. De la cabeza cortada de Medusa nació Pegaso.
Históricamente, las Gorgonas son mujeres muy bellas, pero todas las representaciones las muestran monstruosas, con serpientes en lugar de pelo. Si alguien mira a una Gorgona (especialmente a Medusa) a los ojos, se convierte en piedra.

Mercurio / Hermes

Mercurio para los romanos es Hermes para los griegos.
Hijo de Zeus y Maia (hija del titán Atlas), a quien Zeus fue a visitar mientras Hera dormía. Hermes nació por la mañana en una montaña de Arcadia. Al mediodía, ya era lo bastante mayor para salir solo de la cueva. Al ver una tortuga, la mató y utilizó el caparazón para crear la primera lira (con tripas de cabra).
Para protegerse de la ira de Hera, que castigaba a los hijos de Zeus (aparte del suyo), Hermes se disfrazó (probablemente de

Ares, hijo de Hera), se sentó en el regazo de Hera y fue amamantado. Como su nodriza, Hera no podía causarle ningún daño.

Un día en que Apolo estaba ausente, Hermes robó su rebaño de vacas y maquilló sus huellas atándose hojas a los pies. Luego escondió el rebaño, arrojó las hojas a un río y regresó a su cueva. Al ver que sus vacas habían desaparecido, Apolo sospechó que Hermes era el culpable. Fue a provocarle pero no encontró ni rastro de sus vacas. Apolo llamó a la corte de los dioses. Hermes contó una ingeniosa historia, pero aprovechó que Apolo estaba de espaldas para robarle el arco y el carcaj. Con este acto, Hermes demostró su culpabilidad en el robo de las vacas de Apolo. Para apaciguarlo, Hermes sacó su lira y la tocó. A Apolo le gustó tanto el sonido que aceptó cambiar su arco por la lira. Hermes le dio su lira y devolvió su arco y carcaj a Apolo y se hicieron muy buenos amigos.

Fue Apolo quien entregó a Hermes su bastón, alrededor del cual se entrelazaron dos serpientes, formando así el caduceo, símbolo de Hermes.

Hermes es el mensajero de Zeus. También es el patrón y protector de viajeros, comerciantes y ladrones.

Él es quien conduce las sombras de los muertos hasta Caronte para que éste las conduzca a través del río Estigia hacia el Inframundo. Hermes es una de las únicas personas que pueden viajar del mundo de los vivos al de los muertos sin pagar tributo. Hermes está representado con un casco alado y sandalias aladas. Los viajeros le rinden homenaje a lo largo de su viaje colocando guijarros a un lado de la carretera. Los montones de piedras así formados reciben el nombre de hermes (esta tradición se mantiene aún hoy en Francia. Los pequeños montones de piedras a los lados de la carretera sirven para indicar la ruta a seguir).

Hermes ayuda a muchos dioses y héroes: salva a Dyonisos de la ira de Hera, ayuda a Zeus en sus amores con Io, salva a Ares de los Aloades, organiza el concurso de belleza entre Hera, Afrodita y Atenea, ayuda a Ulises a repeler la magia de Circe. Hermes es también quien consigue recuperar los tendones de Zeus que Tifón había escondido.

Hermes tiene muchas aventuras y muchos hijos. Su amante más famosa es Afrodita. Hermes deseaba a Afrodita, pero ella lo rechazó. Compadecido de su hijo, Zeus envió a su águila a robar la sandalia de Afrodita mientras se bañaba. Para recuperar su sandalia, Afrodita tuvo que conceder sus favores a Hermes. Estuvo de acuerdo. Afrodita dio a Hermes dos hijos: Hermafrodita y Príape.

Minotauro

El Minotauro es un "monstruo" con cuerpo de hombre y cabeza de toro. Es hijo de Pasífaea (esposa de Minos) y de un toro. Fue Afrodita quien permitió a Pasífae dar rienda suelta a su pasión por el toro, en contra del consejo de su marido.
Minos pidió a Dédalo que construyera un laberinto del que nadie pudiera escapar y escondió en él al Minotauro. Se le enviaban jóvenes como sacrificios para alimentarlo.
Teseo consiguió matar al Minotauro y logró salir del laberinto gracias al hijo que le había dado Ariadna, que le permitió volver sobre sus pasos.

Moires / Destinos

Las Moires de los griegos son las Parcas de los romanos.
Son hijas de Zeus y Temis, aunque a veces se las hace pasar por hijas de Nyx.
Las Moires son las diosas del destino. Uno hila el hilo de la vida, Clotho. El segundo mide el hilo asignado a cada ser, es Lachesis. El papel de Atropos (el tercero) es cortar el hilo.
El papel de los Moires no es tanto determinar como supervisar el curso del destino. Sus decisiones son irrevocables y hasta los

dioses se someten a ellas.

No desempeñan un papel importante en la mitología, ya que no se pueden anular. Sin embargo, Apolo les hizo beber para que su amigo Admetus pudiera disfrutar de una vida más larga de lo que le correspondía. Pero Admetus tenía que encontrar a alguien que ocupara su lugar en el inframundo.

Aunque su papel se centra más en el final de la vida de los hombres, aparecen en el nacimiento de Meleagro. Le dijeron a su madre (Althea) que la vida de Meleagro acabaría cuando la tea (que estaba en la chimenea) se consumiera. Althea se apresuró a recoger la tea, apagarla y esconderla. Cuando se enteró de que Meleagro había matado a sus tíos, Althea volvió a coger la tea y la arrojó al fuego.

Morfeo

Morfeo es hijo de Hypnos (Sueño); es una deidad de los sueños que se aparece a los soñadores en forma de seres humanos.

Su nombre deriva de "morpheus" (forma) y significa "el que transforma".

Expresión:

"estar en los brazos de Morfeo": caer en un sueño placentero o ir al país de los sueños.

Musa

Las Musas son las hijas de Zeus y Mnemosyne (Memoria). Son las diosas de las artes nobles, la música, la literatura y, más tarde, también de las ciencias (historia, astronomía, por ejemplo).

Las Musas tenían especial importancia para los poetas, que les atribuían su inspiración (originalmente, las historias se contaban oralmente, por lo que era necesario tener buena memoria).

Al principio eran tres: Melété (Práctica), Mnémé (Memoria) y Aoedé (Canción). Más tarde, fueron nueve, cada una con una función: Calíope (Poesía épica), Clío (Historia), Euterpe (Flauta), Terpsícore (Poesía ligera y danza), Erato (Lírica coral), Melpómedes (Tragedia), Talía (Comedia), Polimnia (Pantomima) y Uramie (Astronomía).

Las Musas están asociadas a Apolo, que como dios de la música era su maestro.

Los romanos identificaban a las Musas con antiguas divinidades: las Camenas.

Némesis

Hija de la diosa Nyx (diosa de la noche), es la diosa de la Venganza Justa (venganza divina). Castiga los crímenes y a los amantes crueles.

Atraída por Zeus, escapa de él cambiando de forma varias veces. En forma de ganso, Zeus la encuentra y se transforma en cisne y se une a ella. En su forma de ganso, Némesis pone un huevo del que nace Helena (la causante de la Guerra de Troya).

Némesis también puede considerarse la protectora del pudor.

Nox / Nyx

Nox (en romano) o Nyx (en griego) es la personificación de la Noche.

Nació de la nada primordial y fue la única que dio origen a las personificaciones más poderosas y sombrías: Tánatos (la muerte), Hipnos (el sueño), Moros (el destino), Némesis (la venganza), Eris (la discordia), Geras (la vejez), los Tres Recuerdos y muchas otras.

Tuvo con su hermano Erebus: Hemera (Día) y Aether (Éter).

Cuando Zeus quiso echar a Hypnos del Olimpo, Nyx protegió a su hijo y Zeus se sometió.

Ninfas

Las ninfas son espíritus femeninos de origen divino (la mayoría tienen a Zeus como padre).

Originalmente son deidades locales de la naturaleza y posteriormente se vinculan a un lugar concreto de la naturaleza.

Se encuentran en la estela de ciertos dioses (Pan, Hermes, Artemisa, Dioniso) acompañados de sátiros y silenos.

Según su lugar de apego, las ninfas tienen nombres diferentes: las dríades son ninfas de los árboles (las hamadríades, apegadas a un árbol concreto, mueren con él), las melíades (de la sangre de Ouranos) son ninfas del fresno, las oréades viven en las montañas, las náyades en las fuentes, las nereidas en el mar, las oceánidas en el océano.

Otras ninfas se adhieren a prados, manantiales, arena.

Odyssey

La Odisea narra el viaje de Odiseo a casa tras la guerra de Troya (que se narra en la Ilíada).

Odiseo es el rey de Ítaca, hijo de Laënte y Anticlée. Es el marido de Penélope y el padre de Telémaco.

Odiseo, como griego, se vio obligado a ir a la guerra contra los troyanos para recuperar a Helena y devolvérsela a Menelao.

Fue a Odiseo a quien se le ocurrió construir un gran caballo de madera y ofrecérselo a los troyanos, una treta porque los griegos

     Mitología para frikis

estaban escondidos en el caballo y al anochecer, habiendo sido introducido el caballo en la ciudad durante el día, los griegos salieron y masacraron a los troyanos.

La Odisea narra el viaje de diez años de Odiseo a su hogar.

Una tormenta le empuja hacia la isla del cíclope Polifene (hijo de Poseidón). El cíclope mata a la mitad de los compañeros de Odiseo. Odiseo lo emborracha y consigue atravesarle el ojo con una estaca calentada en el fuego. Al día siguiente, Odiseo y el resto de sus compañeros escapan aferrándose a las ovejas de los cíclopes y regresan a su barco. Enfurecido, Poseidón los desvía de su ruta, pero no puede matarlos porque Odiseo está bajo la protección de Atenea. Llegan a Eolia, la isla del dios Eolo (dios de los vientos). Eolo le da un odre en el que están encerrados todos los vientos, excepto el viento del oeste, para que pueda volver a casa. De camino al barco, mientras Odiseo duerme, la tripulación abre el odre pensando que contiene oro. La tormenta es tal que el barco es llevado de vuelta a Eolia. Pero Eolo los aleja de la isla pensando que Odiseo está maldito por los dioses. El barco llega finalmente a la isla de Eea, donde vive Circea. Circea convierte en cerdos a los compañeros de Odiseo que se han aventurado en la isla. Odiseo fue el único que no se transformó porque tenía una hierba que le dio Hermes y que le protegía de los poderes de Circea. Odiseo consigue que Circea devuelva a la tripulación su forma humana a cambio de pasar un año con ella. Durante su estancia con Circea, ella da consejos a Odiseo. Tuvo que ir hasta el final del océano para encontrarse con las sombras de los muertos, y en particular con la del adivino Tiresias; el consejo más preciado fue que no tocara los rebaños de Helios, pues de lo contrario nunca podría volver a casa.

Odiseo zarpa de nuevo. Cuando llegan a la isla de las sirenas, Odiseo tapa los oídos de la tripulación con cera y se ata él mismo al mástil, lo que les permite pasar sin perecer.

Se ven obligados a detenerse en la isla de Thrinacia a causa de los vientos. Desobedeciendo la orden de Odiseo, la tripulación come animales del rebaño de Helios. Cuando los vientos les permiten zarpar de nuevo, una gran tormenta destruye a toda la tripulación excepto a Odiseo. Al naufragar, Ulises desembarca en la isla de Ogigia, hogar de la bella oceánide Calipso. Quiere convertir a Odiseo en su marido y hacerlo inmortal. Odiseo se queda siete años, durante los cuales guarda luto por su esposa y su patria. Los dioses se conmueven y piden a Calipso que ayude a Odiseo a volver a casa construyéndole una balsa. Odiseo pudo abandonar la isla de Ogigia, pero una tormenta provocada por Poseidón hizo zozobrar su balsa y Odiseo desembarcó en la isla de Scheria, donde vivían los feacios. Una nave feaciana lo lleva de vuelta a Ítaca por la noche.

Odiseo se entera de que, durante su ausencia, muchos pretendientes de Penélope se han instalado en el palacio. Penélope se ve obligada a elegir un (nuevo) marido porque su estratagema para retrasar esta elección ha sido descubierta (había dicho que haría su elección cuando el tapiz estuviera terminado y cada noche deshacía lo que tejía durante el día). Odiseo ganó el desafío de Penélope y pudo recuperar a su esposa y su posición. Mató a todos los pretendientes de Penélope.

EDIPO

Edipo es hijo de Laios y Yocasta, la pareja real de Tebas. Al nacer, un oráculo predijo que Edipo mataría a su padre y se casaría con su madre. Laios entregó a su hijo a un pastor y le ordenó que lo abandonara. Por piedad, el pastor se lo entregó a otro pastor que se lo dio a Polibio, rey de Corinto. Como el rey no tenía hijos, lo nombró su heredero. Edipo creció sin conocer sus verdaderos orígenes.

Un día, algunas personas de la corte se burlaron del origen de Edipo. Preocupado, Edipo fue a consultar al oráculo de Delfos. La Pitia le dijo que estaba destinado a matar a su padre, a casarse con su madre y que sus hijos sólo traerían desgracias. Creyendo aún que el rey y la reina de Corinto eran sus padres, Edipo decide abandonar la región.

 Mitología para frikis

Mientras tanto, en Tebas, una esfinge asolaba la zona y mataba a todos los que no podían resolver su enigma. Laios partió hacia Delfos para consultar a la Pitia. La regencia del reino queda en manos de Creonte, hermano de Yocasta.

Al llegar cerca de Tebas, Edipo se pelea con un carro que ocupa todo el pasaje. En la lucha que sigue, Edipo mata a todos los ocupantes, excepto a un criado que consigue escapar y regresar a Tebas.

Cuando Edipo llegó a Tebas, encontró a toda la ciudad de luto porque el rey, Laios, acababa de ser asesinado. El rey Creonte ya no tenía descendencia, pues su hijo había muerto a manos de la esfinge, así que decretó que quien consiguiera expulsar a la esfinge (resolviendo el enigma) se convertiría en rey de Tebas y se le concedería la mano de Yocasta.

Edipo resuelve el enigma, se convierte en rey de Tebas y se casa con Yocasta.

Pasaron varios años. Edipo tuvo cuatro hijos. Estos dos hijos son Eteocles y Polinices, mientras que estas dos hijas son Antígona e Ismene.

Cuando una plaga cayó sobre todo el país, Edipo fue a consultar a un oráculo que le dijo que era el castigo del pueblo porque no se había vengado la muerte de Laios. Al mismo tiempo murió el rey de Corinto y el pueblo lo llamó al trono, aunque no era el verdadero hijo de Polibio. Edipo ordenó una investigación y con el paso del tiempo se descubrió la verdad. Yocasta se ahorcó y Edipo se sacó los ojos y se exilió. Sólo su hija Antígona le permaneció fiel.

Olímpicos

Los Olímpicos son los doce dioses principales. Son Zeus, Hera, Poseidón, Hestia, Apolo, Artemisa, Atenea, Hermes, Ares, Hefesto, Deméter, Afrodita y Hades. Viven en el Olimpo, excepto Hades, que vive en su residencia del inframundo.

Orestes

Orestes era hijo de Agamenón y Clitemnestra.

Cuando Clitemnestra mató a Agamenón, Electra puso a salvo a su hermano Orestes. Cuando regresó años después a Micenas, mató a Clitemnestra para vengar a su padre.

Las Furias lo persiguieron y lo llevaron a juicio. Apolo defendió a Orestes y fue Atenea quien dividió el debate absolviendo a Orestes.

Orfeo

Hijo de la musa Calíope, es devoto de Dioniso.

Orfeo era un músico maravilloso, cuando tocaba la lira, los hombres se calmaban y los animales le seguían. Consiguió adelantar a las sirenas jugando y permitió a los argonautas completar su viaje.

Orfeo se casó con una náyade (o dríade): Eurídice, a la que amó profundamente. Un día, Eurídice fue perseguida por Aristeo y, cuando huía, fue mordida por una serpiente y murió en el acto.

Desconsolado, Orfeo bajó al Inframundo por el río Estigia, tocando tan bien que Caronte y Cerbero le dejaron pasar. Hades y Perséfone se conmovieron y permitieron que Eurídice abandonara el Inframundo a condición de que Orfeo no volviera atrás hasta haber dejado el Inframundo para siempre. Justo antes de abandonar el Inframundo, Orfeo se preguntó si le habían engañado y se dio la vuelta, Eurídice desapareció inmediatamente y Orfeo no pudo volver al Inframundo a buscarla.

Orfeo se refugió en el bosque y evitó la compañía de las mujeres. Las ménades, que competían por el favor de Orfeo, se enfadaron y lo despedazaron.

La cabeza de Orfeo bajó por el río y llegó a Lesbos, donde los isleños la enterraron e hicieron de ella un santuario. Las Musas recogieron los fragmentos del cuerpo de Orfeo y lo enterraron en el Pireo. Su lira se convirtió en una constelación.

Pan / Fauno

Pan es hijo de Hermes. No se conoce realmente a su madre porque le abandonó en el bosque cuando vio su aspecto. En efecto, Pan tenía el torso y la cabeza de un hombre, pero sus extremidades inferiores eran pastas de cabra adornadas con pezuñas y llevaba cuernos en la cabeza. Fueron las ninfas quienes lo criaron y Hermes reconoció su paternidad y lo presentó a los demás dioses.

Pan es el dios de los pastos y, más concretamente, de las ovejas y las cabras.

Tiene un apetito lujurioso y le gusta perseguir ninfas. Sus aventuras a veces son afortunadas, pero otras le rechazan. En particular Syrinx, que pidió a las otras ninfas que la convirtieran en un cañaveral. Pan cortó unos cuantos tallos de diferentes longitudes y los ensambló para formar una flauta (la flauta de Pan).

Pan toca la flauta y acompaña a los sátiros en las fiestas de Dioniso.

A Pan le gustaba gastar bromas a los viajeros apareciéndose ante ellos y causándoles pánico.

A veces, los sátiros se identifican con Pan (del mismo modo que los faunos se identifican con Faunus).

Pan entre los griegos se identifica con Faunus entre los romanos. El dios romano Silvanus se asocia a veces con Faunus (y Pan).

Pandora

Pandora fue la primera mujer creada por Zeus para vengarse de

Prometeo. Fue modelada por Hefesto a partir de arcilla, Atenea le dio la vida, Afrodita su belleza y Hermes le enseñó a mentir y engañar.

Pandora fue ofrecida en matrimonio a Epimeteo (hermano de Prometeo), quien la aceptó (en contra del consejo de su hermano). El día de su boda, los dioses les ofrecieron un casete que nunca debían abrir. Pero Pandora lo abrió y todos los males se vertieron sobre la tierra. Tuvo el tiempo justo de cerrarlo para mantener viva la esperanza.

Pandora dio una hija a Epimeteo: Pirra, que se casó con Deucalión y juntos sobrevivieron al diluvio.

Expresión

"Caja de Pandora": aquello que bajo la apariencia de encanto y belleza puede causar mucho sufrimiento.

Pegasus - Pegaso

Pegaso es hijo de Poseidón y de la gorgona Medusa. Cuando Pierce cortó la cabeza de Medusa, Pegaso brotó de la sangre derramada; es un caballo alado.

Es el caballo favorito de Zeus y no se acerca a los hombres; cuando patea la tierra con su pezuña, brota un manantial (como el Hipocrene).

Un día en que Pegaso bebía en un manantial, Belerefonte lo capturó y consiguió domesticarlo. Gracias a Pegaso, Belerefonte se volvió "invencible": mató a la Quimera, luchó contra las Amazonas y salió victorioso. Galvanizado por sus victorias, decidió volar al Olimpo. Zeus se enfadó y envió un tábano a picar a Pegaso, que desarmó a Belerefonte y éste vagó por la Tierra.

Pegaso se convirtió en constelación.

Pelops

Pélope era hijo de Tántalo y de la diosa Dione.

En su juventud, su padre invitó a los dioses a su mesa y sirvió a Pélope como guiso para la cena. Todos los dioses se dieron cuenta y se negaron a comerla, excepto Deméter, que sólo se dio cuenta después de comerse la paletilla. Para castigar a Tántalo, los dioses lo enviaron al inframundo, donde tuvo que sufrir su tormento (tener que acarrear agua y comida para saciar su sed y su hambre, pero sin alcanzarlas nunca).

Los dioses devolvieron la vida a Pélope y Deméter le regaló un hombro de marfil. Sus descendientes tienen una mancha blanca en el hombro.

Pélope fue un rey bueno y generoso.

Perséfone / Proserpina

Perséfone es hija de Zeus y Deméter.

Era muy hermosa y fue criada por Deméter en Sicilia, lejos del mundo. Un día, mientras recogía flores en un prado, Hades la vio y se la llevó en su carro a su reino: el inframundo. Deméter buscó a su hija, pero nadie sabía lo que había pasado, excepto Helios (el sol que todo lo ve). Helios informó a Deméter del rapto de Perséfone. Enfurecida, Deméter se retiró del mundo y golpeó la tierra con sequía (esterilidad). Para evitar que los hombres murieran, Zeus imploró a Deméter que devolviera la vida a la tierra. Sólo aceptó con la condición de que le devolvieran a su hija. Zeus envió a Hermes (el mensajero de los dioses) a Hades pidiéndole que devolviera a Perséfone. Hades aceptó con la condición de que Perséfone no comiera ningún alimento en el inframundo. Perséfone había comido unos granos de granada, por lo que quedó ligada al inframundo y a Hades. Como resultado, Perséfone pudo regresar a la Tierra con su madre, pero tuvo que volver al inframundo durante tres (o seis) meses al año. Es durante este periodo cuando la tierra no da frutos.

Perséfone se convierte así en una deidad del inframundo.

En los Misterios de Eleusis, que rinden culto a Perséfone y Deméter en particular, Perséfone recibe el nombre de Coré.

Perséfone, para los griegos, se llama Proserpina para los romanos.

Pirus / Pirro

Pirro es el antiguo nombre del hijo de Aquiles, Neoptolemos.

Pirro es hijo de Aquiles y Deidamia. Era la hija del rey de la corte donde Aquiles se había escondido.

Pirro debe su nombre a su padre, que iba disfrazado de mujer y se llamaba Pirras en aquella corte.

Los griegos vinieron a buscarlo para que participara en el final de la guerra de Troya y él era uno de los soldados escondidos en el caballo.

Al final de la guerra escapó al destino de los griegos porque Tetis (la madre de Aquiles) le aconsejó que regresara a casa por tierra.

Pirro parece haber tenido tres hijos con Andrómaca: Moloso, Pielo y Pérgamo.

Pirro fue enterrado en Delfos, donde los habitantes le rindieron homenaje sólo después de que les ayudara a repeler un ataque de los galos.

Poseidón / Neptuno

Hijo de Cronos y Rea, fue engullido por su padre al nacer junto con sus hermanos y hermanas (Hades, Hera, Deméter, Hestia), excepto Zeus que fue cambiado por una piedra. Ya adulto, Zeus obliga a Cronos a escupir a sus hijos, que luchan contra él por el poder.

Poseidón recibió el reino del mar, del que es dios supremo y está asociado a los terremotos.

Su esposa es Anfítrite (una nereida), que le da tres hijos; pero él tiene hijos con muchas diosas, ninfas y mortales. Se une a Deméter en forma de caballo (porque ella había adoptado la forma de yegua para escapar de él).

Es un dios colérico y vengativo, pero a veces puede ser benévolo. Se le representa con un tridente y tiene el poder de cambiar de forma. Es el maestro de los caballos.

Poseidón es Neptuno para los romanos.

Prometeo

Titán, hijo de Jápeto y Temis, su nombre significa "Predictor". Sabiendo que Zeus iba a liderar y ganar la guerra contra los titanes, les aconsejó usar la astucia, pero ellos le despreciaron. Prometeo se unió entonces al bando de Zeus.

Prometeo creó a los hombres de arcilla, a los que Atenea insufló el aliento de vida. Cada una de estas figuras fue presentada a Zeus. Un día, Prometeo no pudo presentar a uno especialmente exitoso y bello: un adolescente llamado Faenón ('Resplandor'). Enfurecido, Zeus envió al niño al cielo y lo convirtió en un planeta: Júpiter.

Viendo que los hombres eran malvados, Zeus quiso destruirlos y crear una raza mejor; comenzó entonces a privarlos del fuego. Luego quiso hacerles morir de hambre pidiéndoles que le ofrecieran la mejor carne como sacrificio. Prometeo ayudó a los hombres: cogió un buey grande, le quitó la piel en la que envolvió las mejores piezas y cubrió los huesos y las entrañas con grasa, que resultaba apetitosa. Cuando los dioses y los hombres se encontraron, Zeus eligió quedarse con la mitad que estaba cubierta de grasa. Cuando descubrió el engaño, Zeus se enfadó mucho.

Como Zeus había privado a los hombres del fuego, Prometeo robó el fuego (ya fuera del Olimpo o de la fragua de Hefesto) y se lo devolvió a los hombres en una rama de hinojo. Una noche, Zeus vio que la Tierra estaba cubierta de fuego y adivinó que Prometeo había ayudado a la humanidad; envió a Hefesto a capturar a Prometeo y encadenarlo a la montaña. Su águila acudía cada día a devorar el hígado de Prometeo, que se reponía cada noche. Prometeo pidió a Zeus ser liberado a cambio de una importante información para Zeus: el hijo que tendría Tetis sería más poderoso que su padre. Zeus entregó a Tetis en matrimonio a un mortal (Peleo) y nació Aquiles. Heracles (otro nombre de Hércules), mató al águila y rompió las cadenas de Prometeo. Como recompensa, Prometeo le dijo a Heracles cómo terminar su trabajo enviando a Atlas a buscar las manzanas de las Hespérides mientras él mismo ocupaba su lugar para sostener la bóveda celeste.

Otra leyenda cuenta que Zeus creó a la primera mujer (Prometeo sólo había creado a los hombres): Pandora, a la que hizo muy bella pero a la que dotó de muchos defectos. Pandora fue ofrecida a Epimeteo (hermano de Prometeo), quien la aceptó en matrimonio a pesar de la advertencia de Prometeo.

Prometeo enseñó a los hombres muchas técnicas artesanales, incluida la metalurgia, pero les arrebató el conocimiento del futuro.

PROTEVS / PROTEVS

Proteo es uno de los Viejos del Mar. Deidad marina, su culto es anterior al de Poseidón. Más tarde, se convirtió en el guardián de las manadas de animales marinos de Poseidón.

Poseedor del don de la profecía, se niega a revelar lo que sabe y se transforma para escapar de los interrogadores. Puede transformarse en animales marinos (principalmente focas), agua o fuego.

Se dice que vive en varios lugares, como las islas de Cárpatos o Faros.

Para Eurípides, Proteo es un rey egipcio con el que Helena se escondió durante la guerra de Troya (Paris había traído de vuelta a un "fantasma" de Helena en lugar de a la verdadera).

PYTHIA

Pythia es el nombre de la gran profetisa de Apolo.

Oficia en Delphi. El oráculo de Delfos puede referirse tanto al culto como a Pitia. Su fama era tal que príncipes y poderosos acudían a ella en busca de consejo. Los sacerdotes, que interpretaron sus palabras, influyeron así en la política mundial.

REGIA

La Regia significaba "la casa del rey". Era el edificio de Roma donde se guardaban la lanza sagrada y el escudo de Marte. Mientras estos atributos permanecieran en Roma, Marte la protegería.

Sátiro

Los sátiros son criaturas del bosque que acompañan a las ménades durante las ceremonias en honor de Dioniso.

Las sátiras tenían como hermanas a las Oread y eran conocidas por su apetito lujurioso y su desenfreno.

Se les atribuyeron, bastante tarde, características animales: orejas puntiagudas, patas de caballo con pezuñas y cabeza decorada con pequeños cuernos.

Los sátiros representan la fertilidad espontánea del desierto.

Beber, jugar y molestar a las ninfas (para saciar su apetito) son sus ocupaciones favoritas.

- **Idioma**

Un sátiro es un individuo que se entrega al exhibicionismo y a la exposición indecente en público.

Signos del Zodíaco

El Zodíaco es el conjunto de lugares celestes visitados por el Sol a lo largo del año, y se divide en doce partes o signos, cada uno de los cuales simboliza un mito o leyenda;

- Aries: 21 de marzo / 20 de abril ? el carnero que portaba el Vellocino de Oro.
- Tauro: 21 de abril / 20 de mayo ? toro que secuestró a Europa.
- Géminis: 22 de mayo / 21 de junio ? simbolizan a Cástor y Pólux.
- Cáncer : 22 de junio / 22 de julio ? Cangrejo de río gigante enviado a Hércules por Hera.
- Leo : 23 de julio / 22 de agosto ? el león de Nemea que mató Hércules.
- Virgo : 23 de julio / 22 de septiembre ? es Astraea, o Erigone.
- Libra: 23 septiembre / 22 octubre ? atributo de justicia.
- Escorpio : 23 de octubre / 21 de noviembre ? animal enviado por Artemisa para picar a Orión.

- Sagitario : 22 de noviembre / 20 de diciembre ? imagen de Quirón (centauro).
- Capricornio : 21 de diciembre / 19 de enero ? emblema de la cabra Amaltea, nodriza de Zeus.
- Acuario: 20 de enero / 19 de febrero ? asociado a Ganímedes.
- Piscis : 20 de febrero / 20 de marzo ? montado por Cupido y Afrodita para escapar de Tifón.

Styx

Estigia es la diosa del río del mismo nombre, que nace en el océano y fluye hacia el inframundo.

El palacio de Estigia está en el inframundo, es la esposa del titán Palas con el que tiene varios hijos: Cratos (poder), Bia (fuerza), Zelos (celo) y Nike (victoria).

La diosa fue la primera en ayudar a Zeus en su guerra contra los Titanes, y fue en parte gracias a los hijos de Estigia que consiguió salir victorioso. Desde entonces, nadie puede romper un juramento hecho en Estigia, ni siquiera los dioses, so pena de caer en un letargo parecido a la muerte durante un "gran año" (nueve años) y ser exiliado durante otros nueve grandes años.

Tantalus

Hijo de Zeus y Plutón, es el rey de Lidia. Se casó con Dione (hija de Atlas) o Eurianasa (hija del río Pactolo), con la que tuvo tres hijos: Pelops, Niobe y Broteas.

Muy bien considerado por los dioses, se le permitió comer en su mesa. Habiéndose vuelto pretencioso, cometió un primer delito robando a Ambrosio o divulgando ciertos secretos de los dioses. Luego invitó a los dioses a un banquete en su casa y les sirvió a

su hijo Pélope como guiso. Los dioses se ofendieron y lo castiga-
ron enviándolo al reino de Hades. Su castigo era estar continua-
mente hambriento y sediento: estaba sumergido en un río cuyo
nivel bajaba cada vez que deseaba beber de él y sobre su cabeza
colgaba una rama de fruta que se alejaba cada vez que estiraba
la mano.

- **EXPRESIÓN:**

"es un tormento de Tántalo": sufrimiento de quien no puede satisfacer sus deseos aunque parezcan estar a su alcance.

TÁRTARO

Es el fondo del inframundo (el reino de Hades) donde se arrojaba a los condenados y a los peores enemigos de los dioses. Allí
sufren el castigo por sus crímenes.
Los titanes (incluido Cronos) están encerrados allí.

THANATOS

Hermano gemelo de Hypnos (el Sueño), es hijo de Nyx (la
Noche). Tánatos es la personificación de la muerte. Cortó un
mechón de pelo del muerto y se lo dedicó a Hades, luego se llevó
el cadáver. A menudo se le representa con una antorcha inverti-
da en una mano y una corona en la otra. A veces se le ve con alas
y blandiendo una espada.

TESEO

Teseo es el héroe ateniense más famoso. Es hijo de Egeo y de

Etra. Egeo, que no tenía hijos, fue a consultar al oráculo de Delfos. En su viaje de regreso, pasó la noche con Aethra. De regreso a Atenas, Aethra le dijo que esperaba un hijo. Sin estar seguro de su paternidad, Egeo levantó una roca y escondió dentro su espada y un par de sandalias. Le dijo a Aethra que cuando su hijo fuera lo bastante fuerte para levantar la roca cogiera lo que había debajo y viniera con ella a Atenas, donde sería reconocido como heredero al trono.

Cuando tuvo edad suficiente, Aethra reveló a Teseo sus orígenes. Teseo levantó la roca sin esfuerzo y partió hacia Atenas, prefiriendo viajar por tierra porque el viaje se consideraba peligroso. Había muchos ladrones. Cada vez que se encontraba con un ladrón, le hacía lo mismo que a los demás.

Cuando llegó a Atenas, Medea, la compañera de Egeo que tenía un hijo, intentó matar a Teseo, pero Egeo lo reconoció justo a tiempo. Medea huyó de Atenas y nunca regresó. Teseo fue coronado sucesor de Egeo en el trono de Atenas.

Los atenienses tenían que pagar tributo a Minos enviándole cada año (o cada nueve años) siete jóvenes y siete jóvenes para que sirvieran de comida al Minotauro. Teseo se ofreció voluntario. Se fue con los otros atenienses. Cuando llegó a Creta, Ariadna, una hija de Minos, se enamoró de Teseo y fue a preguntar a Dédalo (que había construido el laberinto) cómo salir. Dédalo dio a Ariadna un carrete de hilo y le dijo que lo atara a la entrada del laberinto antes de entrar y que él sólo tenía que seguir el hilo para salir. Ariadna entregó el carrete a Teseo, que consiguió salir del laberinto una vez hubo matado al Minotauro. Con este acto, se levantó el tributo de los atenienses.

En su viaje de regreso, Teseo olvidó cambiar el color de las velas de su barco, lo que significaba que estaba vivo. Creyéndolo muerto, Egeo se arrojó al mar (que desde entonces lleva su nombre). Teseo fue coronado rey de Atenas. Tuvo que luchar muchas veces para conservar su trono y en una de sus aventuras, cuando abandonó su reino, fue incapaz de recuperar su posición a su regreso.

Se refugió en Esciros, que era aliado de su padre. El rey de Es-

ciros, temiendo la presencia de un hombre de tan gran poder/
fuerza, lo empujó por un acantilado.
Así murió Teseo.

Thespia / Thespios

Tespios es hijo de Erecteo. Es el fundador de Tespia, situada en
Beocia.
Tuvo cincuenta hijas que dieron cincuenta hijos a Heracles (Hércules).

Titán

Los Titanes son una raza de dioses nacidos de la unión de Ouranos (el cielo) y Gaia (la tierra). Hay doce titanes principales:
Cronos, Rea, Océano, Tetis, Japeto, Hiperión, Coeos, Críos, Febe,
Temis, Mnemosina y Theia.
Algunos de sus hijos también fueron considerados titanes, como
Helios (el sol), Prometeo o Atlas.
Los hijos de Cronos y Rea no son titanes, sino olímpicos (Zeus y
Poseidón, por ejemplo).
Los Titanes reinaban cuando Gaia se vengó de Ouranos armando a Cronos con una hoz que le cortó los genitales y ocupó su
lugar. Pero Cronos pronto se volvió tan tiránico como su padre
y Gea ayudó a Zeus a derrocarlo. Los Titanes derrotados fueron
enviados al Tártaro, donde sufrieron mil tormentos. El castigo de
Atlas es cargar sobre sus hombros la bóveda celeste.

Tifón

Tifón fue engendrado por Gea (o por Hera).

Tifón estaba dotado de cien cabezas de dragón que escupían fuego. Cuando terminó de crecer, atacó a Zeus varias veces. En una ocasión consiguió cortar los tendones de Zeus para que ya no pudiera moverse y se los confió a Delfina (mitad mujer, mitad serpiente), que los escondió en una cueva. Hermes consiguió encontrarlos y llevárselos de vuelta a Zeus, que pudo así continuar la lucha contra Tifón.

Durante la lucha infernal de Tifón contra los dioses, éstos huyeron despavoridos en forma de animales a Egipto, donde sus atributos fueron asimilados localmente (Tifón fue identificado con Set, Zeus con Amón (había huido en forma de carnero)).

Zeus consiguió perseguir a Tifón hasta Italia, donde tomó una isla y la arrojó al reloj. Esto se convirtió en Sicilia y el azufre de las cabezas de dragón formó el Etna porque a Tifón no se le puede matar.

Vesta / Hestia

Vesta es la diosa romana del hogar.

En Roma, su función era proteger la patria.

Sus sacerdotisas, las Vestales, hicieron voto de castidad.

Las Vestalias eran fiestas celebradas en honor de Vesta, en las que su templo estaba abierto a las mujeres y se les permitía realizar ofrendas.

- **Mitología de Hestia**

Hestia es la hija mayor de Cronos y Gea. Participa con sus hermanos y hermanas en el derrocamiento de Cronos.

Hestia es la diosa del hogar. No tiene templo propio, pero en muchos templos se le dedica una hoguera para hacer ofrendas. Se la honra principalmente en las familias. Como diosa soltera y virgen, las chicas que la sirven también deben ser vírgenes.

Vetala / Vestales

Las Vestales son las sacerdotisas romanas de la diosa Vesta.
Son conocidos por su voto de castidad.
Al principio eran cuatro, pero acabaron siendo seis. Su función
es mantener encendido el fuego sagrado en el interior del templo, que representa la vitalidad de la patria y del Emperador.
Si se permitía a una vestal apagar el fuego, era castigada severamente. Del mismo modo, si una de ellas rompía su voto de
castidad, era encerrada viva en su tumba.
Eran muy respetuosos y siempre salían acompañados de un lic-
tor, y cuando se encontraban con un condenado, lo indultaban.
Se les reservaba un lugar de honor en las fiestas.

Vulcano / Hefesto

Vulcano en los romanos y Hefesto en los griegos, es el dios del
fuego (de la fragua) y protector de los herreros.
Hefesto es hijo de Hera, a quien dio a luz ella sola tras una infi-
delidad de Zeus, su marido. Cuando nació, Hera lo arrojó desde
lo alto del Olimpo avergonzada por haber engendrado un ser
tan feo. Cayó al océano y fue recogido por la titánide Tetis, que
lo crió en una cueva donde aprendió el arte del fuego y la forja.
La esposa de Hefesto es Afrodita (diosa del amor y la más bella
de las diosas), que le es infiel constantemente, sobre todo con
Ares (dios de la guerra).
Un día, Hera discute con Zeus y Hefesto se pone de parte de su
madre. Enfurecido, Zeus lo arroja del Olimpo y aterriza en la isla
de Lemnos. Por eso, los habitantes de esta isla son los mejores

     Mitología para frikis

herreros de Grecia. Para los griegos, la fragua de Hefesto se encuentra en Lemnos; para los romanos, en Sicilia, bajo el Etna.

ZEUS / JÚPITER

Zeus es hijo de Cronos y Rea. Es el único de sus hijos que se salva, su madre lo cambia por una piedra, que Cronos se traga. Las ninfas lo crían en secreto en una cueva de Lyctos.
Ya adulto, ideó un plan para rescatar a sus hermanos y hermanas del vientre de su padre. Convenció al titánide Metis para que añadiera un ingrediente a la bebida de Cronos que resultó ser un emético. Cronos escupió a Poseidón, Hades, Hera, Deméter y Hestia. Los tres hermanos, con la ayuda de los cíclopes y algunos gigantes, fueron a la guerra contra los titanes. Tras diez años, los titanes fueron derrotados y Zeus los encerró en el Tártaro (junto con los creadores que les habían ayudado). Zeus se reservó el cielo, Poseidón recibió el reino marino y Hades el reino subterráneo. La Tierra y el Olimpo siguieron siendo dominios comunes.
Zeus tuvo varias esposas y amantes con las que concibió muchos hijos (Perséfone de Deméter, las Musas de Mnemosyma, Apolo y Artemisa de Leto, Hermes de Maia, por nombrar sólo algunas) y Hera (con la que está casado) le dio a Ares, Ilithyia y Hebe. Atenea emergió de su cráneo completamente crecida y armada después de que se tragara a la oceánide Metis (su primera esposa). Estas mujeres no siempre están contentas de recibir los favores del dios, que no duda en utilizar la violencia o el engaño para conseguir sus fines.
Zeus es el señor de los dioses y actúa como árbitro en caso de necesidad (tanto para los dioses como para los mortales) y nadie puede escapar a su veredicto.
El rayo es su arma y las tormentas se consideran presagios o mensajes del dios.
Zeus interviene en muchos mitos para poder citarlos a todos.
Zeus está asociado a Júpiter en la mitología romana.

Mitología hindú

Amara

La ciudad del dios Indra es la ciudad inmortal, llamada Amara o
Amaravati. Se encuentra cerca de la montaña polar Meru.

Ashram

Un ashram es un lugar apartado donde vive una comunidad bajo
la guía de un gurú. Normalmente situada en el bosque o la montaña, la comunidad observa una vida sencilla y natural y practica
una estricta disciplina individual de trabajo y meditación.
El gurú es el maestro.

Bodhisattva

Bodhisattva significa alguien que ha despertado. Este ser ha al-
canzado el estado de Buda, pero renuncia a él para reencarnarse
y ayudar a la humanidad o a otro individuo en el camino de
Buda.

Buda

Buda fue originalmente un príncipe indio llamado Siddhartha
Gautama, hijo del gobernante de la tribu Sakya, nacido alrededor del año 550 a.C.
Su padre le hizo construir un maravilloso palacio para evitarle
los inconvenientes de la vida. Allí aprendió el arte del combate.

Cansado de esta vida suntuosa, Siddhartha se lanzó a descubrir el mundo y la humanidad. Este viaje iniciático le permitió hacer muchas observaciones sobre las personas, su comportamiento y el mundo.

Aprendió comprensión y compasión y luego alcanzó la iluminación meditando bajo una higuera. Entonces recibió la iluminación, y fue a partir de este momento cuando se convirtió verdaderamente en Buda, el Despierto. Se le atribuyen muchos prodigios.

Enseñó sus preceptos a sus discípulos, que a su vez enseñaron lo que se convertiría en el budismo.

El budismo puede representarse mediante estas cuatro grandes verdades:

- Primera verdad: todo es efímero (las alegrías llegan necesariamente a su fin, lo que provoca nuevos dolores).

- Segunda verdad: la desgracia de los seres proviene de sus deseos.

- Tercera verdad : si se suprime el deseo, cesarán las frustraciones y los sufrimientos que se derivan de él (resultante de las dos primeras verdades).

- Cuarta verdad: enseña cómo liberarse de las ataduras kármicas para alcanzar la iluminación (que permitió a Siddhartha convertirse en Buda).

Daeva / Deva

El término Deva se refiere a los dioses (genéricamente) en la mitología india.

En el budismo, Deva se refiere a héroes o duendes.

Para los parsis, Deva son los espíritus malignos.

Gandhi

Gandhi es un apóstol nacional y religioso de la India. Nació en Porbandar en 1869 y fue asesinado en Delhi en 1948.

Abogado de formación, Gandhi ejerció durante veinte años en Sudáfrica, durante los cuales experimentó con la resistencia pasiva y no violenta a las autoridades. De regreso a la India en 1915, se implicó en la lucha contra el dominio británico y se convirtió en la autoridad moral del partido del Congreso. Su apego a la tradición, su vida de pobreza y sus múltiples encarcelamientos le granjearon una gran popularidad. Especialmente a partir de 1930, movilizó a los indios en la desobediencia civil. Desempeñó un importante papel en la consecución de la independencia en 1947, pero la partición entre India y Pakistán fue para él un amargo fracaso. Fue asesinado en 1948 por un fanático hindú.

Ganesh / Ganesha

Ganesh es uno de los hijos de Parvati.

Un día en que Ganesh montaba guardia mientras su madre se bañaba, Shiva no lo reconoció e hizo que le cortaran la cabeza. Para consolar a Parvati, Shiva prometió dar a Ganesh la cabeza del primer animal que viera. Era un elefante. Por eso se representa a Ganesh con cuerpo de barrigudo y cabeza de elefante. Suele tener cuatro brazos y su cuerpo es rojo.

Un ratón (o una rata) es su montura. Sus atributos son un colmillo de elefante y un rosario.

Es el Señor de los Obstáculos, dios del Conocimiento, la Inteligencia, las Artes y el Comercio. Considerado como un dios secundario, su culto es, sin embargo, muy receptivo.

En su cumpleaños (entre agosto y septiembre) se organizan muchas celebraciones, sobre todo en Maharashtra.

Garuda

Garuda es el pájaro mitad virtud, mitad hombre de Vishnu. Representa las palabras mágicas en cuyas alas el hombre puede transportarse de un mundo a otro.

Garuda es hijo de la Visión (Kashyapa) y de Aquella-que-sabe-que-se-arquea (Vinata).

Garuda se convertirá en el maestro de las serpientes con la ayuda de Indra. Su esposa es Progress (Unnati), con la que tiene seis hijos. Todas las aves que comen serpientes descienden de ellas.

Es un ave enorme, fuerte y agresiva. Tiene cabeza de águila, pico rojo, alas emplumadas, gran barriga y dos brazos. Su color es el del oro fundido. Es tan fuerte que Indra no puede derrotarlo. El rayo no puede dañarle.

Roba la ambrosía de los dioses para comprar la libertad de su madre, a quien la madre de las serpientes ha encarcelado.

Indra

Indra es uno de los principales dioses hindúes. Él es el Soberano Celestial. Sostiene el trueno y el relámpago, que son símbolos de poder.

Indra es el rey de los dioses porque "está hecho de todos los demás dioses juntos, por lo tanto es el más grande". Siempre joven, encarna las virtudes de la juventud (heroísmo, generosidad, exuberancia). Apoya el uso de la fuerza cuando conduce al poder.

Es el dios que consigue liberar a las vacas celestiales de los demonios de las tinieblas para que puedan dejar fluir su leche sobre la tierra. Por eso es el dispensador de lluvias y reside en las nubes.

Es el jefe de los Maruts, los dioses de las tormentas. -

A veces se le llama Agni, el fuego, lo que refleja su resistencia a la tierra. Es el terror de los vivos.

Su montura, el elefante Airavata, simboliza el poder real.

Kali

La Diosa Negra. En el hinduismo, Kali es la Devi, la terrible manifestación del poder destructor del tiempo, pero también la fuerza vital de la tierra.
Como gran diosa de la fertilidad, es al mismo tiempo diosa de la muerte.
Se la llama Kali cuando tiene dos brazos y Bhadrakali cuando se la representa con varios pares de brazos.

Karma

Karma significa ley de los hechos. Es la cadena de actos y sus consecuencias de un individuo, cuyo resultado es la energía que el individuo da a su destino; de hecho, él es el único creador de su destino.
Sobre el karma pesa todo lo que sujeta al hombre a su condición terrenal (deseos, miedos), obligándole a vivir numerosas reencarnaciones, cada vida determinada por las acciones de la anterior, para poder avanzar en el camino de Buda y alcanzar el nirvana (liberación luminosa).

Nagini

Nagini es una mujer que puede adoptar la forma de una serpiente, especialmente de una cobra real. La más famosa es Manasa, la diosa de las serpientes. Se invoca a Manasa para prevenir y

curar las mordeduras de serpiente.
mordeduras de serpiente. También se la invoca como diosa de la fertilidad y la prosperidad.
Se la invoca como diosa de la prosperidad.

Nirrti / Nirriti

Mujer del Vicio (Adharma), sus hijos son la Muerte (Mrityu), el Miedo (Bhaya) y el Terror (Mahâbhaya).
Nirriti es una diosa siniestra que representa la miseria, la enfermedad y la muerte. Sus atributos son rojos y durante sus ceremonias se visten ropas y ornamentos negros.
Diosa primitiva, apareció con el batir del mar, ante la diosa de la fortuna. Visita a Nirriti todos los sábados en su casa: la higuera sagrada.
Nirriti utiliza el juego, las mujeres, la pereza, la pobreza y la enfermedad para traer la desgracia a los hombres.

Nirvana

Nirvana significa extinción. Es el estado de serenidad absoluta en el que uno está libre de deseos, miedos y de las tres pasiones que conducen al sufrimiento (deseo, odio y error). Quien alcanza el nirvana se encuentra en un estado completo, sin devenir, a partir del cual se estabiliza la rueda kármica. Es la autorrealización suprema en un estado de paz, amor universal y sabiduría perfecta.

 Mitología para frikis

Padma

Padma o Kamala, la Dama del Loto, es una de las formas femeninas de la Realidad.

La Realidad es la madre de los dioses que se desdoblan en formas femeninas y masculinas. La Dama de la Fortuna es el nombre genérico de la forma femenina de la Realidad. También es la diosa de la belleza y recibe el nombre de Sri.

La Dama de la Fortuna es la consorte de Visnú y acompaña a cada uno de sus avatares cuando desciende a la Tierra. Cuando adopta la forma del enano, su esposa toma el nombre de Padma. Ella es la Tierra cuando Vishnu es Râma-à-la-Hache. Ella es Rukmini cuando Vishnu se convierte en Krishna.

Cuando Vishnu desciende en forma de Kalki para destruir el mundo, es la diosa de la destrucción, la Inaccesible (Durga).

Parvati

Parvati es la hija de la montaña, el éter personificado. Es el aspecto espacial, permanente y pacífico de la diosa. Shakti (aspecto creativo, activo, liberador, energía de la creación) y Kali (poder de la destrucción) completan esta tríada.

Parvati es hija de Menaka (el intelecto) y del éter, es la sustancia consciente del universo.

Parvati es la reina de los duendes y espíritus que vagan por la tierra y la capitana de los compañeros de Shiva. Parvati es la esposa del dios Shiva. Se la venera principalmente bajo su aspecto destructivo. Se la representa con una forma aterradora, ebria de vino, lujuria y sangre.

Rakshasa

El término Rakshasa puede representar a diferentes deidades.

- **Rakshas**

Los noctámbulos, son los enemigos de los dioses.

- **Râkshasas**

Los vagabundos nocturnos. Hay tres tipos: genios, titanes (poderosos enemigos de los dioses) y ogros y horribles demonios. Son los hijos de la noche. Devoran a los humanos, animan los cuerpos de los muertos y afligen a los hombres de mil maneras. A medianoche, su poder es absoluto.

Son seres polimorfos, pero siempre conservan las siguientes características: una mirada aterradora, ojos llameantes, dientes afilados y una lengua sobredimensionada.

Un gran número de nombres (que se les asocian) describen a estos seres: asesinos, devoradores de ofrendas, fuertes al caer la noche, errantes nocturnos, devoradores de hombres, devoradores de carne cruda, bebedores de sangre, mordedores, cara sucia...

Shakti

Shakit significa "energía" y es el nombre dado a la esposa del dios Indra.

Posteriormente, shakit representa la energía femenina y la esposa de un dios; es Parvati para Shiva y Lakshmi para Vishnu.

Como esposa de Shiva, es Shakti, diosa del conocimiento y la acción, de la voluntad y la energía.

Shiva

Shiva es el dios más poderoso del panteón indio.

Shiva es un dios bueno y positivo, que se manifiesta de distintas formas.

Él es el origen de toda actividad, a la vez constructor y destructor.

Es la encarnación del poder reproductor divino de la naturaleza.

Está presente en los cementerios y en la hoguera y entonces se le representa con un collar de calaveras, ya que es el señor de los espíritus y los demonios.

Forma parte de la trinidad Brahma-Vishnu-Shiva y es el portador del ciclo de creación-mantenimiento-destrucción.

En su forma védica, es Rudra, el dios negro y demoníaco de las tormentas y la muerte y maestro de la destrucción.

Signos astrológicos

Los primeros calendarios astrológicos aparecieron tres mil años antes de Cristo. Proceden de tradiciones locales y su simbolismo es diferente de los símbolos occidentales.

- La rata: atraer la buena suerte a los que le rodean.
- El buey: "no provoques a un buey, ve rojo".
- El tigre: un animal mágico que ahuyenta a los malos espíritus.
- El conejo: un animal muy inteligente
- El dragón: símbolo del emperador.
- La serpiente: símbolo de sabiduría
- El caballo : símbolo de toda felicidad.
- La cabra : goza de protección celestial.
- El mono : ser sutil e inteligente.
- El gallo: símbolo de fiabilidad.
- El perro : detectar peligros ocultos.
- Cerdo : prosperidad familiar.

A diferencia de los signos del Zodíaco, que se extienden a lo largo de un año, en la astrología china se necesitan doce años para completar un ciclo completo.

Taraka

Taraka es un antidios con gran poder. Los dioses, preocupados por lo que podría hacer con semejante poder, enviaron a Kama (dios del erotismo) para despertar a Shiva, pues sólo un ser engendrado por Shiva podría derrotar a Taraka. De la semilla de Shiva nació Skanda (o Kumâra, el adolescente casto porque siempre es joven y nunca se casa).

Tulpa

Una tulpa es un ser (a veces un objeto) que se crea en la mente antes de tener consistencia en la realidad. Este ser aparece como resultado de los métodos de concentración adquiridos a través de las prácticas enseñadas en el budismo y, más concretamente, en el misticismo tibetano.

Vishnu

Visnú es uno de los tres grandes dioses del hinduismo. Forma parte de la tríada Shiva / Vishnu / Brâma.
Es un dios bueno y bondadoso. Se le representa con multitud de brazos para poder responder a todos.
Sus principales atributos son el disco (sol), la caracola, el garrote y el loto. Vuela a lomos del pájaro Garuda.
Vishnu se representa de pie, sentado o tumbado. En esta posi-

ción medita sobre el mundo y de su ombligo sale un loto del que
nacerá Brahma, que recreará el universo.

Vishnu es el creador del universo. Desciende a la tierra cuando
se rompe el equilibrio. Son sus avatares20 los que se veneran;
hay diez (principales), veintidós o treinta y nueve para ciertas
ramas del hinduismo.

Los diez avatares principales de Vishnu son los siguientes:

Mastsya: el descenso del pez... un pez pequeño pide la protección de Manu, éste acepta y cuando el pez crece, necesita cada
vez un recipiente más grande. Cuando ningún recipiente puede
contener al pez y sólo queda el océano, Manu reconoce al pez
como una encarnación de Vishnu. Vishnu le informa de una
inundación inminente y le pide que construya un barco en el que
se embarque con los sabios, los animales y las plantas. Cuando
comienza la inundación, un pez muy grande nada hacia el barco
y, cuando las aguas se retiran, el pez21 conduce el barco a tierra.

Kûrma: el descenso de la tortuga... tras el diluvio, Vishnu bajó a
la Tierra en forma de tortuga para recuperar todo lo que se había
perdido.

Varaha: el descenso del jabalí... al principio del mundo, la tierra estaba sumergida por el mar. Vishnu descendió al fondo del
océano en forma de jabalí y mató al demonio Ojo de Oro (Hi-
ranyaksha). La tierra surgió del océano, Vishnu la dividió en
continentes y Brahma le dio vida.

4. nara-simha: ¿el descenso del hombre-león? Vestido de oro era
el rey demoníaco de los genios e invulnerable. Brahma le había
hecho la promesa de que no podría ser asesinado por ningún
dios, hombre o animal, ni en su palacio ni fuera de él, ni de día
ni de noche. Dorado era cruel con su hijo (Prahlâda) que adoraba
a Vishnu e intentó muchas veces darle muerte, pero cada vez
Prahlâda se salvaba milagrosamente. Para poner fin al destino de
Prahlada, Vishnu descendió a la tierra en forma de hombre con
cabeza de león en el crepúsculo, salió de una columna del palacio
y desgarró las entrañas de Dorado.

5. vâmana: ¿el descenso del enano? Bali, el rey de los antidioses,
había obtenido el derecho a gobernar los tres mundos. Los dioses,

privados de sus dominios y sacrificios, pidieron ayuda a Vishnu. Vishnu tomó la forma de un enano, hijo de los miembros de la corte de Bali. Un día, pidió a Bali que le diera la tierra que podía recorrer en tres pasos. Bali se lo concedió. Con su primer paso, Vishnu pisó el mundo terrenal, el segundo le hizo pisar el mundo celestial y el tercero le hizo hundir a Bali en el mundo subterráneo. Atado a su palabra, Bali abdicó pero magnánimamente Vishnu le dejó la regencia del reino subterráneo.

6 Parashu-râma: Râma con el hacha El papel de Parashu-râma era restablecer el orden social tras la revuelta de los príncipes para arrebatar el poder a los sacerdotes.

7 Dharma: ¿Rama el encantador, la encarnación de la perfección? Ra era el rey de Ayodyha. Durante la segunda edad mundial, restauró la edad de oro de la justicia y la felicidad.

8) Krishna: ¿la encarnación del amor? Krishna es uno de los sobrinos de Kamsa. Kamsa, sabiendo que sería asesinado por uno de sus sobrinos, hizo prisionera a su hermana Devakî y mató a sus seis primeros hijos. El séptimo hijo logró escapar y el octavo, Krishna, fue intercambiado en secreto por la hija de un pastor de vacas. Krishna se crió en un pueblo y muchas chicas cayeron rendidas a sus encantos. Con gran valor, luchó y mató a muchos monstruos y demonios. Cuando finalmente mató a Kamsa, se convirtió en el amo del reino.

9. buda22 : ¿el iluminado? Vishnu descendió a la Tierra en forma de Buda para desviar a los genios de su conocimiento de la ciencia.

10. kalki: el Cumplimiento... es el único avatar que aún no ha descendido a la tierra. Cuando Vishnu descienda a la Tierra en forma de Kalki, destruirá el mundo y aparecerá una nueva humanidad.

Mitología para frikis

Yama

Yama es el que constriñe y obstaculiza a los humanos.

Yama es el soberano de los muertos, el dios de las regiones infernales. Juzga a los muertos, a quienes sus verdugos arrastran ante su trono.

Yama se aparece de distintas formas a las personas virtuosas (a menudo aparece en forma de Vishnu) y a las culpables (aspecto terrorífico y destructor).

Yama es terrible y siniestro, sus ojos son rojos y brillantes, sus manos son como las garras de una bestia. Tiene un hacha, una espada y una daga. Monta un toro negro (llamado Terrible).

Mitología japonesa y sintoísta

Amaterasu

Amaterasu significa "cielo radiante".
Importante deidad sintoísta y diosa del sol de la que la familia imperial japonesa afirma derivar sus orígenes.
Nació del ojo izquierdo de su padre, Izanagi.
Se dice que se escondió en una cueva enfadada con su hermano Susanoo y sumió al mundo en la oscuridad.
Se la venera en Ise, el principal santuario sintoísta de Japón.

Bakú

El Baku es un yokai.
El Baku es un monstruo espiritual que se come los sueños. Su fisonomía es muy particular. En efecto, su cuerpo tiene forma de oso, su nariz es la de un elefante, tiene ojos de rinoceronte, cola de vaca y patas traseras tan fuertes como las de un tigre.
Se invoca al Bakú para que se coma las pesadillas y los malos sueños.

Bisaan / Basan

El Basan es un yokai.
El Basan es un espíritu que vive en las montañas y los bosques. Es un gallo gigante al que le sale un "Will-o'-the-wisp" de la boca. A veces se le llama "perro fénix". Permanece oculto entre el bambú durante el día y sólo sale por la noche.
El basan o basabasa en Japón es el mayor temor de los niños.
Basan es una forma de albahaca.
El basilisco (basilisco en Chile y basilisco entre los griegos y ro-

manos), que es una serpiente (o gallo) nacida de un huevo de gallina y que nace por sí sola sin haber salido del cascarón, se esconde durante el día y se alimenta de la sangre de los humanos dormidos hasta matarlos.

BURUBURU

El buruburu es un yokai.
El Buruburu es un ser que vive en lugares oscuros y tenebrosos. Le gusta poner el dedo en el cuello a los que intentan superar su miedo, lo que les hace huir gritando. Nadie ha visto nunca el aspecto del buruburu, demasiado asustado para darse la vuelta.
Al buruburu le gusta especialmente esperar a los niños en agujeros oscuros para asustarlos.
El buruburu no se expone al sol y sale preferentemente de noche. En Polinesia existe un ser similar. Sólo sale de noche, odia el humo y puede transmitir enfermedades. Los machos llaman a las hembras diciendo "Bôôôô Bôôôô".
En japonés, buru significa temblor.

KAPPA

El kappa es una criatura acuática, no más grande que un niño. Por la noche llora como un bebé, para que el caminante se acerque a salvarlo. El kappa aprovecha para atraerlo al fondo del río, donde devora sus entrañas.
En algunas regiones, el kappa arrasa los campos y roba berenjenas. Los habitantes prefieren adorarla y hacerle ofrendas para apaciguarla.

Katako

Katako es el nombre de un héroe de cuento. Su nombre significa mitad hombre.

Katako es hijo de un ogro (oni) debido a una conversación que su padre mantuvo con un oni. El padre de Katako le dice a un oni (en broma) que le gusta tanto el pastel de arroz que estaría dispuesto a intercambiar a su mujer. Tomándole la palabra, el oni le da una gran cantidad de pastel y se lleva a su mujer como trofeo. Así se concibe a Katako. Al ser hijo de un ogro (oni) y una humana, tiene el poder de comunicarse con los demonios y actúa como intermediario entre los dos mundos. Debido a sus orígenes, la comunidad le llama Onikko (niño demonio) y le excluye. Incapaz de soportar esta situación, Katako pide a su madre que separe su parte oni de su cuerpo tras su muerte y, a continuación, se sube al árbol más alto y se suicida.

Kitsune

Un kitsune es un zorro en japonés. La palabra se refiere tanto al animal como a la criatura fantástica. Para referirnos a esta criatura fantástica, utilizamos el término kitsunebi, que significa literalmente "zorro-fuego".

Un día, un pescador vio un kitsunebi a lo lejos. Se escondió en un arbusto y cuando el kitsunebi se puso a tiro, lanzó su red. El kitsunebi logró escapar, pero el fuego permaneció en la red. Era una pequeña bola de pelo que nunca se había visto antes, y ardía sin consumirse. El pescador volvió a casa con esta pequeña bola de fuego. Al anochecer, un mensajero del rey vino a pedir al pescador que fuera a palacio. El pescador acompañó al mensajero y cogió la pequeña bola de fuego del kitsunebi para poder ver por dónde caminaban. Al cabo de un rato, el mensajero se ofreció a llevar el fuego y el pescador aceptó. Entonces el mensajero, que se creía humano, asumió su verdadera forma y se marchó con lo que era suyo.

Cuando llueve mientras el cielo está despejado, significa que se está celebrando una "boda del zorro", es decir, kitsunebi no yomeiri.

El kitsunebi tiene un primo que no tiene nombre (aparte de kitsune) y que tiene la particularidad de poseer hombres. Estos hombres, que tienen un comportamiento extraño, se llaman kitsunetsuki. Hay varias formas de liberar a un kitsunetsuki. Hazle beber un remedio u oblígale a salir encerrándole en una habitación con un perro porque el zorro teme a los perros.

Nogitsune

El nogitsune es un zorro (literalmente zorro de campo). Suelen ser maliciosos o incluso malévolos. Los kitsunes de Inari pasan mucho tiempo rescatando a las víctimas de los nogitsunes.

Okami

Okami es una extensión del nombre de una deidad. Se encuentra en Taki Okami, el dios de la lluvia, Kura Okami, el dios de la nieve, y Amaterasu Okami, la diosa del sol.

Los kami son las personificaciones de los elementos de la naturaleza. Así, Amaterasu es el kami del sol y Taki el kami de la lluvia. Hay muchos kami, todos nacidos de Izanagi (el Hombre que invita) e Izanami (la Mujer que invita).

Oni

El Oni es un ogro en Japón. Se le puede encontrar en forma de Onibi y Onikuma.

Onibi es el "fuego-ogre", es decir, un fuego fatuo. El Onibi está formado por un ogro azul y otro rojo que salen del inframundo cubiertos de llamas. Pueden aparecer cinco o seis en el borde de acantilados o en cementerios. Giran en torno a quien las observa. Estos fuegos no desprenden calor.

Onikuma es el 'oso-ogre'. Es el yokai de un oso anciano. Vive en la montaña y baja a llevar caballos o vacas. Los carga sobre sus espaldas para ir a devorarlos a la montaña. Matar a un oso trae mala suerte, más aún si se trata de Onikuma.

Se le representa con una gran boca y tres ojos. Tiene cuernos, uñas afiladas y puede volar. Persigue a las personas débiles y les roba el alma después de su muerte. Suelen aparecer en leyendas para asustar a los niños.

Se dice que una mujer enloquecida por el dolor o los celos puede convertirse en oni.

Shojo

El shojo es una criatura fantástica que vive en el fondo del mar, similar a las sirenas.

Son criaturas muy hábiles, maestros de muchos preparados e infusiones. Son conocidos por tener un vino muy bueno. Si alguien lo bebe, muere muy rápidamente, a menos que consiga arrepentirse de verdad.

El shojo tiene la piel rosada o roja, el pelo pelirrojo y lleva algas como vestimenta.

Mitología Judeo-Cristiano

Mitología para frikis

I0 mandamientos

En la tradición judeocristiana, Dios entregó a Moisés las Diez Palabras o los Diez Mandamientos (decálogo) que representan las condiciones de la alianza entre Dios y el pueblo de Israel.

En los libros sagrados, el decálogo se determina de la siguiente manera:

Introducción: Yo soy el Señor, tu Dios

1. No tendrás otros dioses delante de mí
2. No harás un ídolo ni nada que tenga la forma de lo que está en el cielo
3. No tomarás el nombre del Señor tu Dios en vano
4. Que el día de reposo sea un memorial, teniéndolo por sagrado
5. Honra a tu padre y a tu madre
6. No matarás
7. No cometerás adulterio
8. No robarás
9. No levantarás falso testimonio contra tu prójimo
10. No codiciarás los bienes ni la mujer de tu prójimo

666

El 666 es, según el Apocalipsis de San Juan, el número de "la Bestia". La Bestia es representada como un dragón de siete cabezas y temible ferocidad. Tradicionalmente, esta Bestia es una de las muchas encarnaciones de Satán.

Este número se obtiene sumando el valor de cada letra del nombre (real) de la Bestia. Es interesante observar que, según el mismo principio, el 666 es también el número de Jesús, El Romano, Lucifer, la guerra, los deseos, las ansias, así como ciertas drogas (heroína, opio)...

Aaron

Aarón es el hermano de Moisés.
Es él quien habla por él porque Moisés no tiene la elocuencia de su hermano. Uno de sus deberes es vigilar el Arca de la Alianza. No es de los que verán la Tierra Prometida.

Abel

Abel es uno de los tres hijos de Adán y Eva. Su hermano mayor, Caín, es agricultor, mientras que Abel es pastor.
Un día, ambos hermanos se presentaron y ofrecieron a Yahvé el fruto de su trabajo. Las cosechas de Caín no cuentan con la aprobación de Dios, mientras que los primogénitos de Abel son del agrado de Dios. Celoso por haber sido despreciado por Dios, Caín arrastra a su hermano a su campo y lo mata. Cuando Dios pregunta a Caín dónde está su hermano, Caín miente y Dios le condena a vagar solo por la tierra sin ningún alimento.
Rechazando su castigo, Caín desea provocar su muerte en una pelea. Pero Dios no quiere que Caín acorte su castigo y lo marca para que cualquiera que intente hacerle daño reciba un castigo siete veces mayor que el que él pretendía.

Abraham

Abraham es un patriarca bíblico y se le considera el antepasado del pueblo judío.
Su nombre de nacimiento era Abram, y fue Yahvé (Dios) quien le dio el nombre de Abraham (también fue en esta época cuando su esposa tomó el nombre de Sara).

     Mitología para frikis

Originario de Caldea, Dios se le apareció y le dijo que fuera a la tierra de Canaán, donde construiría una gran ciudad. Dios promete a Abraham que esta tierra pertenecerá a sus descendientes. Tras una gran hambruna, Abraham y su pueblo se trasladaron a Egipto. Abraham hizo pasar a Sara por su hermana para evitar ser asesinado. Pero la belleza de Sara era tal que un faraón la tomó contra su voluntad y le dio hombres y comida. Pero Dios se apareció al faraón y devolvió a Sara a su marido. Pero Abraham y su pueblo tuvieron que abandonar su tierra. Así que regresaron a la tierra de Canaán.

Viendo pasar los años, Sara le dijo a su marido que debía tener un hijo con su sirvienta (Agar) porque ya era demasiado vieja para tener hijos. Así nació Ismael.

Dios enseñó a Abraham a circuncidarse a sí mismo y a los demás. Le dijo que era una representación simbólica de la unión de Dios con el hombre.

Cuando tenía más de noventa años, Dios se le apareció de nuevo a Abraham y le dijo que Sara le daría un hijo. Conociendo los hechos de la vida, Abraham se rió de esta broma. Algún tiempo después, tres desconocidos se presentaron ante Abraham y le reiteraron las palabras de Dios. Eran ángeles. Sara se rió y dio a luz a Isaac en ese momento.

Agar se entristeció por el nacimiento de Isaac y pidió marcharse. Dios le dijo a Abraham que los descendientes de Ismael formarían una gran nación, así que Abraham aceptó y le dio comida.

Un día Dios le pidió a Abraham que le sacrificara a su amado hijo. Abraham llevó a su hijo a la montaña y preparó el altar del sacrificio. Justo cuando su mano estaba a punto de quitarle la vida a su hijo, apareció un ángel y le detuvo la mano. Trajo un carnero que fue sacrificado en lugar de Isaac porque el ángel había visto que Abraham temía a Dios.

Abraham murió a la edad de ciento setenta y cinco años y fue enterrado con Sara.

Abramelin

Abramelin es un mago de origen judío. Vivió en Alemania en el siglo XV. Escribió el Libro de Magia Sagrada de Abra-Melin el Mago para su hijo. Esta obra consta de tres libros que derivan del Libro de Salomón. Abra-Melin afirma haber aprendido el conocimiento de la magia de los ángeles. Este conocimiento le permite conjurar demonios para que le presten servicios personales. Dice que todo en el mundo ha sido creado por demonios que trabajan bajo las órdenes de ángeles.

Adam

Adán es el primer hombre creado por Dios a partir del barro. Vivió en el Jardín del Edén.

Dios creó una mujer para Adán de arcilla, su nombre es Lilith. Pero Lilith no es obediente y se niega a someterse a la ley de Dios que sigue Adán. Para castigarla, Dios la expulsa del Edén y la hace estéril.

Dios creó una segunda esposa para Adán a partir de una de sus costillas para que siempre estuviera unida a él; ésta fue Eva. Pero Eva siente curiosidad y es persuadida por la malvada serpiente para que pruebe el fruto del árbol del conocimiento. Como consecuencia, Adán y Eva son expulsados del Jardín del Edén y condenados a vivir en la Tierra, donde cada mujer llevará dentro de sí el pecado original.

Ángel

Ángel, del latín (angelus) y el griego (angelos) significa mensajero.

Los ángeles son intermediarios, dotados de alas, entre Dios y los hombres. El ángel es un ser espiritual, a menudo guía y guardián, pero también responsable de hacer cumplir la justicia divina (por ejemplo, el ángel exterminador).

Los ángeles encarnan la pureza, la belleza y la serenidad. Se les puede representar con armadura o con una larga túnica blanca.

Agnus Dei

Agnus Dei es la expresión latina para Cordero de Dios y se refiere a Cristo.

En la expresión la sangre del cordero, el cordero representa la inocencia y la pureza cuya sangre se derrama en lugar del culpable.

Amén

Amén es una palabra hebrea con múltiples significados: afirmación, conclusión, aclamación, deseo... Jesús utiliza a menudo la expresión Amén, dico vobis, 'en verdad os digo'.

Anticristo

El Anticristo es el enemigo de Cristo que gobernará la tierra antes de que Cristo regrese y luche contra él.

La aparición del Anticristo en la Tierra es uno de los signos que anuncian el fin. Tendrá el poder de producir milagros y seducirá y corromperá a los elegidos que lo tomarán por el Cristo.

Revelación

El apocalipsis es el fin del mundo representado por el regreso de Cristo victorioso para restaurar la justicia en el mundo, recompensando a los justos y fieles y castigando a los malvados e injustos.

Los ángeles tocarán la trompeta, que hará que se abran los siete sellos del libro del Apocalipsis, de donde saldrán los Jinetes (cuatro primeros sellos) y las bestias monstruosas. Cuando se abra el séptimo sello, Cristo regresará.

Árbol de Judas

Según la leyenda, Judas se ahorcó en un saúco. Por eso se considera que el saúco es maligno.

El árbol de Judas se refiere al saúco.

Arcángel

Los arcángeles se sitúan en la cúspide de la jerarquía angélica. Son los más cercanos a Dios.

Arcángel (Gabriel)

Gabriel es el arcángel que se aparece a Daniel y le trae las palabras de Dios

Arcángel (Miguel)

El arcángel Miguel es uno de los cuatro grandes arcángeles y se dice que es el protector especial de los hebreos.

El arcángel Miguel aparece con un dragón en la punta de su lanza. Es el defensor de Occidente y es un aspecto del Verbo luminoso que actúa sobre las formas groseras y oscuras de la materia (representadas por el dragón). No se mata al dragón, sino que se le guarda respeto porque la violencia no es la solución, todo se puede dominar (sin violencia) y armonizar.

Arcángel (Rafael)

Rafael fue enviado a la Tierra por Dios para curar a Tobit, que era ciego, y para ayudar a Sara, pariente de Tobit, cuyos siete maridos anteriores habían sido asesinados por el demonio Asmodeo en las noches de bodas.

Rafael cambió de aspecto y adoptó el nombre de Azarías. Bajo su apariencia, se presentó ante Tobías, el hijo de Tobías, que había ido a recoger el dinero que pertenecía a su padre. En este viaje, un día que estaban acampados junto a un río, Azarías le dijo a Tobías que pescara el gran pez que estaba a punto de saltar fuera del agua y que guardara el hígado, el corazón y la bilis para utilizarlos más tarde.

En el camino, Tobías se casó con Sarah. Siguiendo el consejo de Azarías, quemó el corazón y el hígado, lo que permitió expulsar al demonio Asmodeo al desierto, donde Rafael pudo atraparlo y atarlo.

Cuando regresaron a casa de Tobit, éste se curó con la bilis del pez. Tobit y Tobías quisieron dar las gracias a Azarías, pero éste reveló su verdadera naturaleza y les pidió que rezaran a Dios.

Arca de la Alianza

El Arca de la Alianza es el recipiente en el que el pueblo de Israel conmemora su pacto con Dios. Contiene el decálogo, documentos oficiales y parte del maná que alimentó al pueblo en el desierto.

Se dice que el arca desapareció durante la destrucción del templo de Salomón.

Al llegar tras el diluvio, el arca simboliza también el final de un tiempo y el comienzo de otro: lo que se ha conservado del antiguo ciclo para servir de base al nuevo.

El Arca de Noé

El Arca fue construida por Noé a petición de Dios para escapar del diluvio. Noé tuvo que construirla lo suficientemente grande como para que cupiera una pareja de cada una de las especies animales que viven en la Tierra, además de Noé y su familia.

Dios trajo el diluvio a la tierra del hombre para destruir toda vida en ella. El diluvio duró más de siete meses y, cuando el agua terminó de caer, el Arca se posó en el monte Ararat.

Armageddon

Armagedón se refiere a la batalla final entre las fuerzas del bien y del mal. Es un momento del Apocalipsis.

El término Armagedón suele ser sinónimo de Apocalipsis.

- **Idioma:**

Armagedón se refiere a cualquier situación que pueda terminar apocalípticamente.

Ascensión

La Ascensión conmemora la partida de Cristo al cielo en presencia de sus apóstoles y discípulos.

La Ascensión tiene lugar cuarenta días después de la resurrección de Cristo (celebrada el Domingo de Resurrección).

Aunque el término Ascensión se refiere únicamente a la subida de Cristo al cielo, hay que señalar que la religión cristiana reconoce otras dos ascensiones al cielo: la de Enoc (llevado por Dios después de vivir 365 años) y la del profeta Elías (llevado en un carro de fuego tirado por caballos de fuego).

Azael

Azael es uno de los ángeles que se rebela contra Dios. Los rabinos dicen que está encadenado a piedras afiladas en un lugar oscuro del desierto, esperando el juicio final.

Azariel

Azariel es el ángel que, según los rabinos del Talmud, tiene superintendencia sobre las aguas de la tierra. Los pescadores lo invocan para capturar peces grandes.

Babilonia

Ciudad de Mesopotamia cuyo dios tutelar es Marduk durante

el último milenio (con J.C.); es el periodo mejor conocido por los vestigios y ciertos acontecimientos relatados en la Biblia.

En la mitología cristiana, es la ciudad de la Torre de Babel (correspondiente a los Etemenanki), una torre que los hombres construyeron para llegar a Dios y que Dios castigó destruyendo la torre y dando a cada grupo de hombres una lengua diferente. Los grupos étnicos que ocupaban la ciudad/región eran los sumerios, los acadios y los amorreos (los más dominantes).

La presencia de varios templos dedicados a varios dioses nos informa de la importancia de la ciudad: Marduk (gran dios de Babilonia, en el origen de la "verdadera creación", es decir, la creación posterior a la de los dioses), Ninurta (dios de la guerra) e Ishtar.

BALTHAZAR

Baltasar es uno de los tres magos (sacerdotes astrólogos) que acudieron a acoger el nacimiento de Cristo tras seguir una estrella. Representa a África y lleva mirra a Cristo.

Baltasar es también el nombre del último rey de Babilonia.

BARTOLOMÉ

Bartolomé era discípulo y apóstol de Cristo.

A menudo se le representa en estatuas religiosas con un cuchillo en la mano. Tras predicar en Frigia y el Ponto, fue desollado vivo en Armenia.

Más tarde se convirtió en el patrón de los curtidores.

Belén

Esta ciudad, situada a unos siete kilómetros de Jerusalén, es conocida como el lugar de nacimiento de Jesucristo.
También es la ciudad de origen de la dinastía de David.

Buen samaritano

Este es el modelo de caridad presentado por Jesús.
Un buen samaritano es una persona que ayuda a los demás (a veces a su costa).

Zarza ardiente

La zarza ardiente es una manifestación divina. Es un arbusto que arde sin consumirse.
Fue a través de esta zarza como Dios se apareció por primera vez a Moisés y lo convirtió en profeta.

Caín

Caín es uno de los tres hijos de Adán y Eva. Su hermano menor, Abel, es pastor, mientras que Caín es agricultor.
Un día, los dos hermanos se presentaron y ofrecieron a Yahvé el fruto de su trabajo. Las cosechas de Caín no cuentan con la aprobación de Dios, mientras que los primogénitos del rebaño de Abel son del agrado de Dios. Celoso por haber sido despre-

ciado por Dios, Caín arrastra a su hermano a su campo y lo mata. Cuando Dios pregunta a Caín dónde está su hermano, Caín miente y Dios le condena a vagar solo por la tierra sin ningún alimento.

Rechazando su castigo, Caín desea provocar su muerte en una pelea. Pero Dios no quiere que Caín acorte su castigo y lo marca para que cualquiera que intente hacerle daño reciba un castigo siete veces mayor que el que él pretendía.

CALEB

Caleb pertenece a la tribu de Judá. Es el antepasado de los calabitas.

Es uno de los doce hombres enviados por Moisés para reconocer la tierra antes de entrar en la Tierra Prometida.

CASSIEL

Cassiel es uno de los siete arcángeles. Los arcángeles se sitúan en la cúspide de la jerarquía angélica; son los más estrechos colaboradores de Dios.

Los otros arcángeles son Miguel, Gabriel, Anaël, Rafael, Samaël y Sachiel.

JINETES DEL APOCALIPSIS

Su aparición en la Tierra representa el comienzo del Apocalipsis, es decir, el fin del mundo y el regreso de Cristo victorioso.

El Apocalipsis representa el regreso de Cristo, que restablece la

Mitología para frikis

justicia en el mundo, recompensa a los justos y fieles y castiga a los malvados e injustos.

Los caballeros (o jinetes) son cuatro y aparecen en la apertura de los cuatro primeros sellos del libro:

- la Conquista, cuyo caballo es blanco y cuyo atributo es un arco
- Guerra, cuyo caballo es rojo y cuyo atributo es una espada
- Hambre, cuyo caballo es negro y cuyo atributo es una balanza
- La Muerte, cuyo caballo es pálido (o verdoso) y cuyo atributo es una guadaña.

Tienen el poder de matar a los hombres por la espada, el hambre, la mortalidad y las bestias salvajes.

QVERVBÍN

Los querubines pertenecen a la jerarquía angélica. Están situados entre el trono y los serafines.

Se les representa con cuerpos de leones alados con cabeza humana.

Tras la caída de Adán y Eva del Paraíso, un querubín armado con una espada flamígera fue designado para prohibir el acceso a lo que hoy se llama el Paraíso Perdido.

CRISTO / JESUCRISTO

Es el hijo de Dios, nacido de la Virgen María por concepción inmaculada.

Nació hacia el año 748 de Roma en Belén y murió en el año 28 (o 29) a la edad de treinta y tres años en Jerusalén. Su vida se conoce por los Evangelios, que relatan las condiciones de su nacimiento, la preparación de su ministerio y su martirio y resurrección tres días después de su muerte.

Tras ser bautizado por Juan el Bautista, Jesús comenzó su misión enseñando a sus doce discípulos (apóstoles) sus preceptos para que los difundieran por todo el mundo.

Realizó muchos milagros y curaciones, lo que le convirtió en un héroe para los débiles y en el hombre a abatir por los gobernantes, motivo de su martirio.

Para los musulmanes, Jesús es un profeta, igual que Mahoma, cuya única palabra verdadera de Dios (Alá) es el Corán.

Confesión

La confesión es la confesión de las propias faltas, la declaración de los propios pecados a un sacerdote para obtener la absolución. Es un sacramento que sólo se puede recibir en el secreto del confesionario de la iglesia.

Clavos de la Santa Cruz

Estos son los clavos que se utilizaron para crucificar a Cristo en la Cruz. La tradición cristiana tiene tres de estos clavos.

Crosscroad Demon / Pacto fáustico

En la mitología judeocristiana, uno imagina que es más probable encontrarse con el diablo en las encrucijadas. Como ser tentador, parece lógico conocerlo antes de tomar una decisión. Por tanto, es natural que este lugar se convierta en el preferido para reunirse con él. El pacto así realizado se denomina pacto fáustico. Es un contrato hecho con el diablo para obtener riquezas y beneficios a cambio del precio de la propia alma.

Daniel

Daniel es un profeta del Antiguo Testamento. Vivió cuando Babilonia era todavía una ciudad hermosa y rica.
Un día, Susana, esposa de un estimado judío babilonio, rechazó las insinuaciones de dos jueces. Los jueces se enfadaron y acusaron a Susana de adulterio con un joven. Se celebró un juicio para juzgarla por este delito. Daniel, inspirado por Dios, acudió al juicio y pidió que los dos jueces fueran interrogados por separado. Los jueces se traicionaron a sí mismos al no nombrar el mismo árbol al pie del cual dijeron haber visto a Susana y a su amante. Se demostró la inocencia de Susanna y los jueces fueron condenados por perjurio.
Daniel se convirtió en amigo y consejero del rey de Babilonia. El rey babilonio adoraba al dios Bel y acudía a menudo a su templo para realizar ofrendas. El rey se dio cuenta de que Daniel no lo hacía y le preguntó por qué. Daniel explicó que adoraba al único Dios y que todos los ídolos hechos por el hombre eran falsos ídolos. Para demostrar al rey que el dios Bel no existía, se escondieron fuera del templo para que no se cerrara durante la noche. Todos los sacerdotes también abandonaron el lugar. Al amanecer, Daniel y el rey abrieron las puertas del templo y vieron que la comida había desaparecido. Esto fortaleció la fe del rey, pero Daniel señaló las huellas que mostraban que un gran número de personas había llegado durante la noche. Los sacerdotes fueron convocados y confesaron que iban al templo por la noche con sus familias y se comían toda la comida.

El pueblo de Babilonia adoraba a un dragón (o serpiente) que representaba al dios Bel. Para demostrar que también se trataba de un ídolo falso, Daniel tuvo que demostrar que podía matar a la serpiente sin necesidad de un arma. Daniel hacía pequeñas tortas con brea, pelo y grasa. Le dio los pasteles a la serpiente, que se los comió hasta que explotaron. Pero el pueblo no estaba contento con la muerte de estos dioses y los representantes acudieron a quejarse al rey. Ante la ira del pueblo, el rey se vio obligado a meter a Daniel en el foso de los leones. Pero los leones se negaron a comérselo. Después de siete días, Daniel seguía vivo porque un ángel le había traído comida. El rey sacó a Daniel de la fosa y arrojó en ella a los representantes del pueblo. Se los comieron inmediatamente.

Es él quien se entera, tras ver las palabras de Dios, de que el tiempo del rey Baltasar está contado y que su reino será dividido.

David y Goliat

David, hijo de Jesé, nacido en Belén, es el rey de la tribu de Judá. David conquistó la ciudad de Jerusalén y se convirtió en rey de todas las tribus de Israel. Durante su lucha contra los filisteos, David mató al gigante Goliat con una piedra lanzada con su honda.

Como antepasado de Jesús, encarna la libertad y la resistencia a todos los poderes vinculantes.

Su hijo Salomón le sucedió, amplió el reino y construyó el templo de Jerusalén.

Muere Irea

Dies = día en latín,

Irae = ira, furia en latín.
Dies Irae: día de la ira.
El Dies Irea, o Prosa de los Difuntos, es un canto en una secuencia cantada medieval. Forma parte de los cantos gregorianos.

Dios

Dios es el ser supremo de las religiones monoteístas, infinito y perfecto, autoexistente, con capacidades universales que lo hacen omnisciente, omnipotente, creador del mundo e intemporal.
Se describe a Dios como infinitamente bueno, pero también amenazador y vengativo.
Para los judíos, Dios es Yahvé (compuesto por las cuatro letras Yod, He, Vav y He); para los cristianos, es el Eterno; para los musulmanes, se llama Alá.

Dumah

Dumah significa silencio en hebreo.
Dumah es hijo de Ismael, nieto de Abraham. Fundó una tribu en el desierto.

Agua bendita

El agua bendita es agua que ha sido bendecida mediante la oración y la ceremonia. Se rocía sobre los fieles y representa la bendición de Dios. Purifica de los pecados, protege del demonio y de las plagas del mundo. También pone en fuga a los demonios.

Edén

En la Biblia, el Edén (o el Jardín del Edén) es el lugar donde se encuentra el paraíso terrenal. Es el hogar original de la humanidad, del que Adán y Eva fueron expulsados después de que ella mordiera un fruto prohibido del árbol del conocimiento.

Para el cristianismo, el paraíso es el lugar donde habitan las almas de los hombres justos.

La palabra Edén procede del hebreo y significa deleite.

Elías

Elías es uno de los profetas del Antiguo Testamento. Procedente de una tierra lejana, es un soldado de Dios contra los dioses paganos. Realiza muchos milagros y es llevado al cielo por los ángeles en un carro de fuego.

Elías se asocia a veces con Malaquías (en hebreo, mi mensajero). En su época, el pueblo judío no seguía los preceptos de Yahvé. Malaquías recordó al pueblo los mandamientos de Dios, pero se le dijo que no ganaba nada con seguir sus preceptos y leyes. Dios, en su infinita paciencia y sabiduría, les dio una última oportunidad y envió a Elías para permitirles arrepentirse antes de que Dios maldijera la tierra.

En la tradición judía, Elías regresará en la redención final de la humanidad (juicio final) con el Mesías.

Emmanuel

Emmanuel es el nombre simbólico de un descendiente de David. Emmanuel significa "Dios con nosotros", y se cree que representa al Mesías.

Enoch / Enoch

Enoc es el nombre de uno de los hijos de Set (hijo de Adán y Eva).
El hijo de Caín también lleva este nombre.
También puede ser hijo de Jared, descendiente de Set.
Enoc, el autor del libro apócrifo, fue recibido en el cielo entre los ángeles. Se le da entonces el nombre de Metatrón o Miguel.

Efraín

Efraín es hijo de José (hijo de Jacob) y Asenat, suma sacerdotisa del templo de On (1600 a.C.). Efraín tiene un hermano mayor y ambos nacieron en Egipto.
Poco antes de la muerte de Jacob, José lleva a sus hijos a verle para que Jacob les dé su bendición. Como no le quedan muchas fuerzas, Jacob bendice primero a Efraín. Creyendo que se trata de un error, José quiere retener su mano, pero Jacob le asegura que la descendencia de Efraín será más importante que la de su hermano (Moisés es de la tribu de Efraín).

Esther

Ester es la segunda esposa del rey de Persia (Ahasureus). Es conocida por su gran belleza. De origen judío, no lo reveló en el momento de su matrimonio.
Poco después de su matrimonio, Amán es nombrado alto ministro. Es un hombre vil y desea ocupar el lugar del rey. Trama más de un complot contra el rey.
Amán pide a todos los habitantes del palacio que se inclinen ante él. Mardoqueo, suegro de Ester, se niega a inclinarse ante na-

die que no sea Dios. Rencoroso, Amán explica al rey que hay un pueblo oculto dentro de su reino que no sigue las leyes del rey. Amán convence al rey de que debe reafirmar su autoridad sobre todo el pueblo de su reino. El rey da "carta blanca" a Amán para que haga lo que necesite contra esto. Amán da la orden de confiscar los bienes y luego de exterminar a todos los judíos del reino. Al pasar por el patio, Ester ve a Mardoqueo vestido con harapos y le pregunta qué ocurre. Le muestra el edicto de Amán. Ester decide convencer al rey para que haga algo. Cuando Ester acude al rey y le explica la situación, éste manda ejecutar a Amán. Por desgracia, un edicto no puede ser anulado, ni siquiera por el rey. A Mardoqueo se le ocurre la idea de permitir que los judíos se armen para defenderse.

Cuando llegan los verdugos para cumplir el edicto de Amán, los judíos se defienden y consiguen salvarse.

Evangelista

Evangelistas son aquellos que escribieron un evangelio. Un evangelio significa buena noticia (del griego euaggelion) y los cuatro conservados por la Iglesia son los de Mateo, Marcos, Lucas y Juan.

Los evangelios nos cuentan la vida de Cristo, sus enseñanzas y su doctrina.

Eve

Eva es la segunda esposa de Adán y madre de todos los hombres. Fue creada por Dios a partir de una costilla de Adán. Vivían en el Jardín del Edén. Un día, Eva escuchó a la serpiente, que le dijo que era seguro comer una manzana del árbol del conocimiento (comer cualquiera de los frutos estaba prohibido). Por este acto, Adán y Eva fueron expulsados del Jardín del Edén y se vieron obligados a vagar por la tierra.

A partir de ese día, la mujer lleva dentro el pecado original.

Eva y Adán tuvieron tres hijos: Abel, Caín y Set, y muchas hijas.

Exorcismo

El exorcismo es una ceremonia destinada a eliminar un demonio del cuerpo de las personas a las que posee.

La oración utilizada para realizar esta petición se denomina conjuro. Es durante el exorcismo cuando se realiza el conjuro.

El conjuro se asocia a menudo con la aspersión de agua bendita.

Ezequiel / Jesequiel

Ezequiel es uno de los doce profetas menores.

Una gran plaga diezmó la ciudad de Vasit (Irak babilónico). Para evitar esta plaga, los habitantes abandonaron la ciudad con sus rebaños. Se refugiaron en un valle entre dos colinas. Aparecieron dos ángeles (uno a cada entrada del valle) y les dijeron que aquel era el lugar donde todos perecerían. Esto ocurrió inmediatamente. Cuando los habitantes de los países vecinos se enteraron de esta muerte, decidieron enterrar a todos los muertos. Pero como eran tantos, decidieron tapiar el valle. Pasó el tiempo y los huesos se secaron al sol del desierto. Algún tiempo después, Ezequiel pasó por este valle. Pidió a Dios que devolviera la vida a aquellos a quienes había mostrado su omnipotencia. Queriendo dar a Ezequiel una visión de la resurrección del último día, Dios dio a Ezequiel el poder de resucitar a estos muertos. Todos ellos resucitaron con un cuerpo de carne y hueso y vivieron una larga vida, pero seguían oliendo a cadáver.

La mujer de Lot / Estatua de sal

Lot es sobrino de Abraham. Huyó con él a Canaán, pero se separaron y Lot se fue a Sodoma.
Viendo la depravación de la ciudad y de sus habitantes, Dios decidió destruir la ciudad. Envió a dos ángeles para pedir a Lot que abandonara la ciudad con su familia. Al oír la historia, los yernos de Lot no se lo creyeron y se negaron a marcharse. Lot, su mujer y sus dos hijas partieron al amanecer y se refugiaron en la cercana ciudad de Zoar. Dios destruyó las ciudades con relámpagos y truenos. Aunque los ángeles advirtieron a Lot y a su familia que no miraran atrás, su mujer sintió curiosidad y miró. Al instante se convirtió en una estatua de sal. Lot y sus hijas salieron de Zoar hacia las montañas.
Pensando que eran las últimas del mundo, las hijas de Lot le hicieron beber mucho vino. Cuando estaba tan borracho que no sabía quién era, sus hijas lo sedujeron y cada una le dio un hijo: Moab (del que descienden los moabitas) y Ben-ammi (del que descienden los amonitas).
Dios dijo a Abraham que quería destruir las ciudades de Sodoma y Gomorra. Abraham le pidió que salvara a los hombres (y al menos a su sobrino). Dios accedió a dejar vivir a diez hombres. Abraham partió hacia la ciudad y, cuando llegaron allí, se dio cuenta de que era demasiado tarde. Sin embargo, los habitantes de la ciudad cercana le dijeron que unos jinetes se habían llevado a diez hombres. Abraham fue a buscarlos, los mató y liberó a su sobrino.

Gog y Magog

Magog se menciona como uno de los siete hijos de Jafet y nieto de Noé. No está especialmente vinculado a ninguna nación, sino que representa al guerrero feroz que desea saquear las tierras de la media luna fértil.

Inspiró la visión de Ezequiel en la que Israel era invadido por una feroz horda guerrera procedente del norte y liderada por Gog, del territorio de Magog.

Bajo la influencia del Libro de Ezequiel, "Gog y Magog" se convierten en los nombres simbólicos de los paganos que tratarán infructuosamente de destruir el futuro reino del Señor Dios.

Gog y Magog pueden representar las montañas de Belgen.

Golem

En la cultura judía, el golem es un ser creado de arcilla y animado por rabinos.

Creada a partir de arcilla, se utiliza una fórmula mágica para animar a la criatura, que se convierte en sierva de quien la manda.

La palabra escrita en su frente le permite animarse. Si se borrara la primera letra, significaría la muerte del gólem.

La palabra golem significa embrión en hebreo.

Gólgota

Gólgota es un nombre derivado del arameo gulgolta, y significa lugar de la calavera.

Es en esta colina, cerca de Jerusalén, donde, según los Evange-

lios, Jesús fue crucificado.
Constantino mandó construir allí la iglesia del Santo Sepulcro.

Aleluya / Allelvia

Aleluya significa alabar al Señor. Representa la alegría de los fieles y se utiliza en muchos cantos litúrgicos.

Jael / Yael

Jael es una kemita, su tribu es nómada (1200 a.C.)
El ejército cananeo está en guerra con las tribus de Israel (dirigidas por Barac). Mientras las tribus de Israel ganan, el líder del ejército cananeo, Sísara, consigue escapar.
Jael acoge a Sísara en su tienda, lo esconde y le da de beber. Cuando Sísara se queda dormido por el cansancio, Jael lo mata clavándole una estaca en el cráneo. Luego sale para invitar a Barac a su tienda y presentarle al que ahora está derrotado.

Jean-Baptiste

Primo de la Virgen María, es quien bautiza a Cristo en el Jordán. A menudo se le representa llevando un cordero y anunciando: He aquí el Cordero de Dios que salva el pecado del mundo.
Su muerte también está bien representada. Cuando Salomé bailó para el rey de Herodes, pidió como recompensa la cabeza de Juan en una bandeja.

Jehová

Jehová es una pronunciación distorsionada del nombre Yahvé.

Jericó

Jericó es la primera ciudad cananea tomada por el pueblo judío dirigido por Josué.

Trabajo

Job es un personaje bíblico importante. Padre de siete hijos y siete hijas, afronta la serie de pruebas sin traicionar su fe en Dios. Es Dios mismo quien pide a Satanás que ponga a prueba a Job. Sale victorioso de las desgracias que Satanás le inflige y recupera su integridad física y material.

Job representa al héroe victorioso que, a pesar de las dificultades, permanece fiel a sus convicciones y a su fe. Prefigura los sufrimientos y la victoria de Cristo sobre las tinieblas y el mal.

Jonás / Jonah

Jonás es uno de los profetas de Dios. Negándose a cumplir su misión, Jonás se embarca en una nave. Se desata una gran tormenta y, para aplacar la ira de Dios, la tripulación arroja a Jonás al mar. Un gran pez (o ballena) se traga a Jonás y lo escupe tres días después en la orilla.

Jonás se dirige entonces a cumplir la misión que Dios le ha encomendado.

José de Arimatea

José de Arimatea es contemporáneo y discípulo de Jesucristo. Él es quien ofreció su propia tumba para que Cristo tuviera un lugar de descanso final.

En la leyenda cristiana del Rey Arturo, éste es arrojado a una mazmorra por los judíos. Cristo resucitado se le aparece y le entrega el Santo Grial. Liberado de su prisión, José de Arimatea abandona su país con compañeros, entre ellos su hermanastro Bron. Se instalan en Glastonbury, donde fundan una comunidad y se reúnen a diario en torno a una mesa en honor del Santo Grial.

Joshua

Josué es el sucesor de Moisés y el representante de la tribu de Efraín. Después de que el pueblo judío vagara durante cuarenta años por el desierto (guiado por Moisés), Moisés pasó la antorcha a Josué, que fue elegido por Yahvé.

Para asentarse en su Tierra Prometida (Canaán), Josué debe tomar las ciudades preestablecidas. Opta por atacar las ciudades de las colinas, lo que le daría una posición de dominio.

La primera ciudad tomada fue Jericó, tras una gran batalla en la que Dios guió la mano de sus combatientes.

Consiguen apoderarse de gran parte de las ciudades-estado y territorios cananeos que se reparten entre las distintas tribus que forman el pueblo judío.

Josías / Joshua

Josué fue el decimosexto rey de la tribu de Judá (siglo VII a.C.). Durante la renovación del templo de Jerusalén, sus sacerdotes encontraron el Libro de las Leyes. Al leerlo, Josué se dio cuenta de hasta qué punto las prácticas religiosas se habían alejado de los mandamientos de Dios. Josué ordenó que se leyera todo el libro a su pueblo y purgó los templos y las costumbres de las viejas prácticas. Se prohibió el sacrificio de sus propios hijos al dios Moloc y se destruyeron las efigies de los antiguos dioses e ídolos. Cuando todo su reino ha vuelto a los preceptos de Dios, tiene lugar una gran celebración en el templo recién consagrado de Jerusalén.

Judah / Judah

Judá es uno de los hijos de Jacob. Es un patriarca bíblico. David y Salomón se cuentan entre sus descendientes.

Judas Iscariote

- **Mitología**

Judas era uno de los discípulos de Jesús. Le traicionó, por treinta monedas de plata24 , y le dio un beso (hipócrita). Es la causa de la Pasión de Cristo.

Con remordimientos, se ahorcó.

- **Idioma**

Los traidores son Judas.

Lázaro

- **Mitología: Lázaro de Betania:**

Hermano de Magdalena resucitado por Cristo.

Es el patrón de los enterradores y sepultureros.

- **Mitología: Lázaro el pobre:**

Figura popular del cristianismo que enseña que los bienes de la tierra guardan las almas de quienes los poseen.

La imaginería medieval representa a Lázaro (lazarro en italiano significa mendigo) tendido ante la puerta de un hombre rico que se da un festín mientras los perros le lamen las heridas. Tras sus muertes, una escena muestra el alma del rico apresada por los demonios, mientras que la del pobre es llevada al cielo por los ángeles.

Lillith

Lillith es la primera esposa de Adán, creada al mismo tiempo que él de arcilla por Dios.

Lillith no se consideraba una buena compañera para Adam porque no le tenía apego y era demasiado curiosa.

Dios la expulsó del Jardín del Edén y la hizo estéril.

- **Demonología**

Lillith es la reina de los demonios súcubos.

Intenta matar a los recién nacidos (ya que ella misma no puede tener ninguno).

Limbo

Es el lugar donde permanecen los niños (recién nacidos) que han muerto sin ser bautizados. Como no han vivido, sus acciones no pueden ni abrirles las puertas del Paraíso ni arrojarlos a las llamas del Infierno.

Libro del Apocalipsis

El Apocalipsis es el último libro del Nuevo Testamento. Es el Apocalipsis de Juan.

Ley de represalias

La Ley de la Represalia es uno de los principios más antiguos (se remonta al menos a la época babilónica) de juicio por un delito que consiste en la reciprocidad del delito y el castigo. Popularmente se traduce como "ojo por ojo, diente por diente". En principio, evita cualquier escalada de violencia sin erradicarla.
La ley del talión está aceptada en las principales religiones monoteístas (judaísmo, cristianismo e islam).
La ley del talión no está aceptada en el derecho occidental moderno (regido por el Convenio Europeo de Derechos Humanos, en particular), pero se aplica en algunos países que aplican la sharia.

Lucifer / Satán / Diablo

Es la misma entidad tanto en la literatura como en las representaciones visuales.

Sin embargo, hay una diferencia en la mitología cristiana.

Lucifer, el "Portador de la Luz", es un arcángel que cayó como consecuencia de su rebelión contra Dios cuando éste decidió crear al hombre.

El Diablo es el príncipe del mal, más una entidad metafórica que un ser. Pero el "verdadero" diablo es Satanás.

Satanás es el adversario de la obra de Dios. Es él quien tienta a Eva en el Paraíso en forma de serpiente. También es el que tienta a Jesucristo en los Evangelios.

No fue hasta la Edad Media cuando Lucifer y Satanás se convirtieron en lo mismo.

El nombre de Belcebú se asocia a veces con los de diablo y Satanás. En demonología, Belcebú es el jefe del Imperio Infernal, comandante de todos los demonios, lo que puede convertirlo en Satán. Belcebú, el Señor de las Moscas, es originalmente un dios cananeo. Se le adoraba por su poder sobre las moscas y por haberlas expulsado de la cosecha y de su templo.

Satanás es representado con alas (ángel caído), poseyendo un cinturón de fuego y un tridente.

Malaquías

Malaquías es una palabra hebrea que significa mi mensajero.

También es el nombre de un profeta. En su época, el pueblo judío no seguía los preceptos de Yahvé. Malaquías recordó al pueblo los mandamientos de Dios, pero se le dijo que no ganaba nada con seguir sus preceptos y leyes.

Dios, en su infinita paciencia y sabiduría, les dio una última oportunidad y envió a Elías para permitirles arrepentirse antes de que Dios maldijera la tierra.

María (de Nazaret)

María es la madre de Jesús. Su marido es Joseph. María es del linaje de David.

Es muy piadosa y es elegida para dar a luz al hijo de Dios. Es el ángel Gabriel quien se le presenta y le informa de su papel.

Da a luz a Jesús en Nazaret.

Para los católicos, Jesús nació de la Inmaculada Concepción y María era virgen cuando nació su hijo.

Se la venera como madre amorosa y protectora de las mujeres.

Encarna a las grandes diosas que la precedieron, como Isis y Nut (egipcias), Gaia y Deméter (grecorromanas).

Las representaciones de la Virgen y el Niño derivan directamente de las representaciones de Isis dando el pecho a Horus.

María de Betania

María de Betania es hermana de Lázaro (resucitado por Cristo) y de Marta. Jesús siempre era bienvenido en su casa cuando pasaba por Jerusalén. Un pasaje del Evangelio de Juan nos habla de una comida en la que Marta servía, Lázaro estaba sentado a la mesa con Jesús y María de Betania lavaba los pies de Cristo, los secaba con sus cabellos y luego los untaba con aceite.

A menudo se asocia a María de Betania con María Magdalena.

María Magdalena / María de Magdala

María Magdalena es una mujer que ayudó económicamente a Cristo y a sus discípulos. Estuvo presente en su pasión, en su entierro y en su resurrección. Ella es la que, cuando va a visitar la tumba de Cristo, se encuentra con él. Jesús le anuncia que va a reunirse con Dios, su Padre, y le pide que lleve la noticia a sus discípulos. Se dice que su tumba está en el sur de Francia.

A veces se hace referencia a ella como la mujer de mala reputación que limpiaba los pies de Jesús (en el evangelio de Lucas describe a María Magdalena y luego nos cuenta una escena en la que una mujer pecadora limpia los pies de Cristo en una comida en casa de Simón).

A veces se la identifica con María de Betania.

Metatron / Metratrón

Metatron es una de las tres inteligencias de la cábala. Los otros dos son Acatriel y Sandalphon.

La cábala es el conjunto de tradiciones, conocimientos y sabiduría antiguos y perdidos. Este conocimiento se considera pagano. La cábala también puede referirse al conocimiento de los significados ocultos de las palabras de la Biblia.

Metatrón es uno de los príncipes del cielo. Él es quien lleva el registro de los méritos y pecados de los israelitas.

Moisés

Moisés es hijo de una pareja judía que vive en Egipto. En el momento de su nacimiento, el Faraón, que ya había esclavizado al pueblo judío, ordenó matar a todos los varones recién nacidos. Para protegerlo, su madre lo escondió durante tres meses y luego lo depositó en una cesta sobre las aguas del Nilo, custodiado por su hermana Miriam. Cuando la hija del faraón fue a bañarse, se fijó en la cesta y adoptó al niño. La princesa se lo confía a su madre, por consejo de Miriam, como nodriza. Moisés se cría como hijo de una princesa, aunque conoce sus orígenes hebreos. Ya adulto, Moisés se ve obligado a huir al desierto tras matar a un egipcio que había puesto las manos sobre un judío. Se refugia en el desierto y conoce a Jetro, que le dará una hija por esposa después de que Moisés los salve de los pastores.

Es en el desierto donde Dios se aparece a Moisés por primera vez, en forma de zarza ardiente, y le revela su nombre: Yahvé. Yahvé también revela a Moisés que es él quien liberará de la esclavitud al pueblo elegido. Yahvé otorgó a Moisés algunos poderes para que pudiera demostrar su legitimidad ante el faraón y los israelitas.

Moisés volvió entonces ante el (nuevo) Faraón y le pidió que, con la ayuda de su hermano Aarón, levantara la esclavitud de los hijos de Israel. Pero él se negó. Moisés transformó su bastón en una serpiente. Pero con algunos trucos de magia, los sacerdotes del faraón pudieron hacer lo mismo.

Para demostrar a los egipcios la omnipotencia del dios del pueblo elegido, Yahvé golpea a Egipto con una serie de diez plagas. Cuando ha caído la décima plaga (la muerte de todos los primogénitos) y los judíos han podido protegerse (siguiendo las recomendaciones de Dios) marcando las puertas de sus casas con la sangre de un cordero sacrificado a Yahvé, el faraón ordena a Moisés y a su pueblo que abandonen Egipto.

Mientras Moisés y su pueblo atraviesan el desierto por una ruta tortuosa, el Faraón quiere que los Hijos de Israel vuelvan a ser sus esclavos y envía a su ejército tras ellos. Están a punto de llegar cuando Moisés alcanza el Mar Rojo (o un mar de juncos25). Moisés extiende la mano y se levanta un fuerte viento, suficiente para partir en dos el Mar Rojo. Una vez que todos los Hijos de Israel han cruzado, Moisés baja la mano y las aguas vuelven a su lugar, ahogando al ejército del Faraón.

Para que su pueblo sobreviva en el desierto, Yahvé le proporciona maná (alimento milagroso), se convierte en nube de día para resguardarlo del sol y en columna de fuego de noche para alumbrarlo.

Cuando se acercaban al monte Sinaí, Dios pidió a Moisés que subiera a la cima para que pudieran hacer el pacto de Dios con los Hijos de Israel. Es entonces cuando Dios entrega a Moisés el Decálogo (la tabla de leyes, los Diez Mandamientos). Con Moisés ausente durante cuarenta días y cuarenta noches, el pueblo depositó su confianza y fe en Aarón para que les construyera un ídolo al que adorar. Así se creó el becerro de oro a partir de todos los objetos de oro que habían sido fundidos.

Cuando Moisés bajó del monte Sinaí y vio que todos adoraban a un falso ídolo, arrojó el becerro de oro al fuego y transmitió las Palabras de Dios.

Se construyó una gran arca que contendría el Decálogo y otros textos sagrados. Este altar será llevado y estará siempre con el pueblo de Israel.

Los Hijos de Israel reanudaron su marcha por el desierto. Al cabo de dos años se acercaron a la Tierra Prometida. Se enviaron exploradores para informar de lo que allí ocurría. Caleb y Josué estaban entre ellos. Informaron de que la tierra de Canaán era como la habían descrito, con abundante leche y miel. Sin embargo, en las colinas había tanto ciudades-estado como tribus. Josué y Caleb se ofrecieron a ir a vivir a la tierra que Yahvé les había prometido. El resto de las tribus no les creyeron porque corría el rumor de que aquel lugar estaba lleno de gigantes y los Hijos de Israel no querían volver a caer en la esclavitud.

Para castigarlos por su falta de fe, Yahvé los obligó a vagar por el desierto durante cuarenta años, hasta que esta generación que no había creído en él se extinguió, a excepción de Caleb y Josué. Comenzó el peregrinaje de los Hijos de Israel. Fue durante este período cuando Moisés estableció las costumbres del pueblo de Israel, de acuerdo con los preceptos de Yahvé.

Cuando Moisés sintió que se acercaba el final de su vida (después de vagar cuarenta años por el desierto con los Hijos de Israel), convocó a Josué y lo nombró nuevo líder del pueblo de Israel. Sólo entonces estuvieron de nuevo a la vista de Canaán. Moisés murió antes de entrar en ella.

Mordejai / Mardoqueo

Mardoqueo es primo y padre adoptivo de Ester.

Mardoqueo es quien permitió que los judíos pudieran armarse para defenderse del edicto de Amán.

Mardoqueo también es conocido como el autor de una famosa oración en la que pide a Dios que guíe al pueblo judío hacia la seguridad.

Nazaret

Nazaret es la ciudad donde nació Jesús.

Hoy en día es un importante lugar de peregrinación para el mundo cristiano.

Nephilim / Nephelim

Nefelim es el nombre dado en las Escrituras a los hijos nacidos de la unión de un ángel con una hija del Hombre.

Sin embargo, este nombre también puede darse a los hijos de los gigantes (libros de Enoc).

Пoдн

Noé es el héroe de la antigüedad, famoso por el arca que Dios le pidió que construyera. Para castigar a la humanidad por su moral, Dios provocó el Diluvio. Dios había pedido previamente a Noé que construyera un arca lo suficientemente grande como para albergar una pareja de cada especie animal. Cuando comenzó el Diluvio, Noé subió al arca con su mujer y sus hijos. Navegó hasta que las aguas se retiraron.
Luego plantó la viña y bebió el fruto de su cosecha.

Paraíso

Paraíso viene del griego paradeisos y significa jardín, huerto. Se refiere a la morada de los bienaventurados después de la muerte. La noción de paraíso es común a la mayoría de las religiones y mitologías de la humanidad, es un lugar de deleite donde las personas (justas) permanecen después de su muerte.

Pecados

Pecado, del latín peccatum, significa falta, delito. Es una transgresión, voluntaria o no, de los mandamientos de Dios.
El pecado original es la culpa que todo ser humano lleva dentro tras la expulsión de Adán y Eva del Jardín del Edén.
Los siete pecados capitales son básicamente pecados mortales,

pero se convierten en pecados veniales que pueden borrarse mediante la oración y la contrición.

Los pecados capitales son: envidia, pereza, gula, lujuria, ira, soberbia y avaricia.

La noción de pecado ha sido común a todas las religiones desde sus inicios y se denomina tabú.

Plagas de Egipto

Las Plagas de Egipto, 10 en número, son los castigos que Yahvé envía a los egipcios por negarse a que los judíos abandonen el país. Sólo se salvó la tierra donde acamparon los judíos.

Son las siguientes:

1 El agua se convierte en sangre

2 "Llueven" ranas (salen de los ríos e invaden las casas)

3 Los granos de polvo se convierten en mosquitos.

4 Las alimañas invaden el país.

5 El ganado es diezmado por una plaga desconocida hasta ahora.

6 Las úlceras cayeron sobre hombres y animales.

7 El granizo destruyó la mayoría de las cosechas.

8 Las langostas devoraron lo que había sobrevivido al granizo.

9 Cayó la oscuridad sobre la tierra.

10 La muerte de todos los primogénitos (humanos y animales).

Como consecuencia de esta última plaga, y tras la muerte del hijo del faraón, éste ordenó a Moisés que abandonara la tierra de Egipto.

Purah

Purah es el sirviente de Gideon. Por orden de Dios, acompaña a Gedeón al campamento, donde escuchan la conversación de dos soldados. Uno de ellos le cuenta a su amigo un sueño que ha tenido en el que ve a los enemigos de los israelitas destruidos.

PVRGATORIO

Purgatorio, del latín purgare, significa purgar.
Es el lugar donde las almas en estado de gracia van a cumplir su castigo por los pecados veniales que han cometido en la tierra.
Se desconoce la duración y la naturaleza del castigo.
Una vez que un alma ha pasado suficiente tiempo en el purgatorio, se le permite entrar en el Paraíso.

RESVRRECCIÓN

Del latín resurrección, es el acto de levantarse, revivir. Es uno de los mayores misterios cristianos y se utiliza para describir el regreso de Cristo a la vida tres días después de su muerte. Esta alegre fiesta se celebra durante las vacaciones de Semana Santa.
Ezequiel y Cristo eran los únicos que tenían la capacidad de resucitar a los muertos.
En el Apocalipsis se dice que los santos resucitarán y poseerán un cuerpo inmortal y luminoso.

SÁBADO

El sábado es el día consagrado a Dios. Las leyes de Moisés lo establecen como una obligación estricta.
Son muchos los rituales que rigen este día. Comienza el viernes por la noche (puesta de sol) y termina el sábado por la noche

(puesta de sol).

Las Tablas de la Ley obligan a los hebreos a abstenerse de todo trabajo para dedicar este día al culto y la oración.

- **IDIOMA**

El Sabbat es el nombre dado a una asamblea ceremonial de brujas marcada por el culto al diablo.

SACRAMENTO

Un sacramento es un juramento, un acto sagrado. Hay siete entre los cristianos:

- El bautismo, que es la entrada del individuo como cristiano.
- Confirmación, que es la confirmación de la fe cristiana.
- La Eucaristía es la comunión del individuo con el cuerpo de Cristo.
- La penitencia es un sufrimiento voluntario autoinfligido para expiar una falta. Como resultado de la penitencia, el individuo es absuelto (lavado) de sus pecados.
- La Orden es la dedicación de la vida a Dios siendo sacerdote, monje o monja.
- El matrimonio es un compromiso solemne y para toda la vida con otra persona con el objetivo de fundar una familia.
- La extrema unción, o sacramento de los enfermos, es el último acto de un sacerdote hacia un moribundo.

SALOMÉ

Salomé es la hija de Herodías. Célebre por su gran belleza, obtuvo la cabeza de Juan el Bautista, que había denunciado la mala moral de la corte, por bailar delante de Herodes Antipas. Le trajeron la cabeza del santo en una bandeja.

En la estatua, se la representa rodeada de un velo, cerca de la bandeja sobre la que descansa la cabeza de Juan el Bautista.

Salomón

Rey del gran reino de Israel, hijo y sucesor de David, construyó el templo de Jerusalén.
Salomón era famoso por su gran sabiduría. El Gran Libro de los Cantos muestra su amor por la belleza, por la vida, por sus esposas y concubinas.
Estableció en Israel el culto a divinidades extranjeras, como Astarté y Moloc.
A su muerte, el reino de Israel fue desmantelado.
El cubo de Salomón, a menudo utilizado como figura básica en talismanes, es el símbolo del judaísmo.
Se denomina estrella de David cuando no está rodeada por el círculo.

Salvación

Es la acción de salvarse, de escapar del olvido, de la muerte. La salvación asegura la salvación del alma.
Samaritano (Bueno)
Este es el modelo de caridad presentado por Jesús.
Un buen samaritano es una persona que ayuda a los demás (a veces a su costa).

Sangre del cordero

El cordero se refiere a Cristo, bajo el nombre de Agnus Dei.
El cordero representa la inocencia y la pureza, cuya sangre se derrama en lugar de la del culpable.

Serafín

Los serafines son ángeles. Su nombre significa los que arden.
Esta categoría de ángel tiene seis alas.
Son responsables de la purificación, especialmente mediante el fuego.
Ilustran el fuego ardiente que ilumina a los servidores más celosos.

- **Historia**

La Orden del Serafín es una orden de caballería sueca fundada en 1748.

Seth

Seth es el tercer hijo de Adán y Eva. Nació después del asesinato de Abel por Caín.
Caín fue maldecido, por lo que Set es el patriarca bíblico.

Silas

Silas era discípulo de San Pablo. Le acompañó en sus viajes. Durante estos viajes, fue golpeado por su fe (en Macedonia en particular).

Terminó su viaje en Corinto.

A Silas, como a San Pablo, se le pide que ayude a soportar las pruebas de la vida.

Sodoma y Gomorra

Sodoma y Gomorra son dos ciudades que fueron destruidas por Dios a causa de su moral.

Lot, el sobrino de Abraham, y su familia fueron los únicos supervivientes porque fueron advertidos por Dios. Sin embargo, Dios les había prohibido volver atrás cuando partieron. Curiosamente, la mujer de Lot se dio la vuelta en el momento de la destrucción de las dos ciudades y fue convertida en estatua de sal.

San Andrés / St Andrew

Andrés, discípulo y apóstol de Cristo, es hermano de Simón Pedro.

En el estatuto religioso se le representa con una cruz en forma de X (que se convirtió en la Cruz de San Andrés), que fue el instrumento de su martirio.

San Andrés ejerció su ministerio en Escitia y Grecia.

El Espíritu Santo

El Espíritu Santo, junto con el Padre y el Hijo, forma la Santísima Trinidad de la Iglesia cristiana. Fue a través de él como la Virgen María concibió a Jesús y fue también él quien presidió su bautismo descendiendo sobre él como una paloma.

El Espíritu Santo transmitió sus dones a los apóstoles. Hay siete virtudes en oposición a los pecados. Son la sabiduría, la inteligencia, la ciencia, el consejo, la fortaleza, la piedad y el temor de Dios.

Santo Grial

El Santo Grial es la copa que recogió la sangre de Cristo cuando estaba en la cruz. Se dice que esta copa es de la que bebió en su última cena (la Última Cena). Cuenta la leyenda que José de Arimatea27 la llevó a Inglaterra y escondió la copa en una colina que más tarde se convertiría en Glastonbury.

Es una reliquia sagrada y muy importante para la Iglesia católica. Durante la cristianización de Gran Bretaña, el Santo Grial se asimiló al Grial de los celtas y su búsqueda se convirtió en la principal aventura de Arturo y los Caballeros de la Mesa Redonda.

San Ignacio

Ignacio de Loyola fue un sacerdote español del siglo XXI (nacido en 1491 y fallecido en 1556), canonizado en 1622. Fundó la comunidad jesuita de París en 1534. Fue un gran reformador católico del siglo XVI.

Santa Elena

Santa Elena, cuyo nombre era Flavia Julia Helena, fue la madre del emperador Constantino. Ella ejerció una gran influencia sobre él y parece haber sido el motor de su política religiosa.
Hacia el final de su vida, peregrinó a Palestina. Fue responsable de la construcción de una basílica cerca del Santo Sepulcro (la tumba de Cristo) y de muchas otras iglesias.
Una leyenda tardía le atribuye el descubrimiento de la Cruz de Cristo.

San Juan / Solsticio de verano

El Juan que se celebra en el solsticio de verano es San Juan Bautista. Primo de la Virgen María, es quien bautiza a Cristo en el río Jordán.
A menudo se le representa llevando un cordero y anunciando: He aquí el Cordero de Dios que salva el pecado del mundo. Su muerte también está bien representada. Cuando Salomé bailó para el rey de Herodes, pidió como recompensa la cabeza de Juan en una bandeja.
El solsticio de verano es el día más largo del año. El solsticio de invierno celebra el día más corto del año. El equinoccio celebra el equilibrio perfecto entre el día y la noche. Se celebra en primavera y otoño.

San Pedro

San Pedro, cuyo nombre de nacimiento era Simón, fue uno de los primeros discípulos de Jesús y llegó a ser uno de los apóstoles. Fue compañero de Jesús y testigo de todos sus milagros. Cristo le encomendó la tarea de dirigir las primeras comunidades cristianas. Tras la muerte de Cristo, marchó a Roma, donde fundó su ministerio y se convirtió en el primer líder de la Iglesia de Roma. Fue condenado a muerte por Nerón en el año 64. Pedro pidió ser crucificado a pie porque sentía que debía morir como Cristo.

San Pedro es reconocible por las llaves del cielo (que recibió de su Maestro y de las que es responsable) en su mano.

La ramera de Babilonía

La Gran Ramera se anuncia en el Apocalipsis.

Es una mujer cubierta de oro y piedras preciosas, que ha contaminado a todos los reyes con su fornicación. Monta una monstruosa bestia roja. Es la "madre de las rameras y de las abominaciones de la tierra". Sus manos están cubiertas con la sangre de los discípulos de Cristo.

Porque corrompe, influye y vive según sus deseos, Dios la condena a perecer en el fuego después de haber experimentado mil tormentos y penas. Los que se han enriquecido gracias a ella serán arruinados, los siervos de Dios serán vengados.

La Gran Ramera puede ser una mujer o una alegoría de la ciudad de Babilonia o del Imperio Romano.

Torre de Babel

Babel es el antiguo nombre de Babilonia.

Tras la inundación, la gente llegó a una llanura y decidió construir una ciudad. En aquella época, todo el mundo hablaba la misma lengua.

Ciento quince años después del diluvio, el rey Nimrod estaba en el poder. Durante su reinado, se decidió construir una torre que llegara hasta el cielo para hacerse un nombre y vivir juntos.

Viendo que la construcción avanzaba muy bien y disgustado, Dios dio muchas lenguas a los hombres y las esparció por toda la superficie de la tierra. La ciudad inacabada se llama Babel, que significa "confusa" en hebreo.

Uriel

Uriel es el ángel de las liturgias y textos sagrados orientales.

Los cabalistas asocian a Uriel con el mes de septiembre.

Teóforo

Ambriel : Energía de Dios
Azael : que Dios fortalezca
Azazel : Dios fortalece
Castiel : Escudo de Dios
Daniel : Juicio de Dios
Emmanuel : Dios con nosotros
Ezequiel : Que Yahvé haga fuerte.
Gabriel : Hombre de Dios, Héroe de Dios
Gadreel : Muro de Dios
Miguel : ¿Quién es como Dios?
Ramiel : Trueno de Dios
Raphael : Dios está curando.
Tamiel : Perfección de Dios
Uriel : Dios es (mi) luz
Zacarías : Mandamiento (u orden) de Dios

Otras mitologías

Alquimia

Alqvimista

El alquimista es aquel que se inicia en el arte de transmutar la materia. El objetivo inicial del alquimista es evolucionar sin la ayuda de Dios.

Posteriormente, la búsqueda del alquimista consiste en lograr fabricar la Piedra Filosofal, que transforma el plomo en oro y produce el elixir de larga vida.

El arte de la alquimia debe practicarse en secreto (so pena de represalias por parte de las religiones, principalmente monoteístas).

La alquimia es un arte esotérico.

La piedra filosofal

Según los alquimistas, la piedra filosofal tiene el poder de transmutar los metales viles (incluido el plomo) en oro.

Algunos le atribuyen propiedades de vida eterna.

En cualquier caso, sigue siendo una piedra de gran poder, y muchos se han lanzado a buscarla.

Sulfuro (símbolo)

El sulfuro es el elemento fundamental de la alquimia, el espíritu de la materia. Simboliza el principio activo y masculino.

Antiguamente, se creía que el sulfuro era el componente del fuego infernal y del rayo. Representa la purificación, pero también al diablo (se dice que el olor a azufre es señal de la aparición del diablo).

Se consideraba que el símbolo en sí era portador de magia y poder.

Sulphur es el antiguo nombre del azufre.

Mitología africana

Aпaпsɪ

Anansi es una araña popular, el héroe de los cuentos de muchas tribus.
Es un embaucador, lo que significa que le gusta causar desorden y excesos. Pero también es un espíritu creativo, muy querido.

Olokυm / Olokυп

- **Mitología: Dios africano (Nigeria)**
Olokun es el dios del agua.
El pez y el motivo de cuatro hojas se asocian a él.

Mitología norteamericana

Angiak

- **Mitología inuit**

El angiak es el espíritu de un niño que ha sido abandonado voluntariamente por sus padres en el bosque para que muera porque eran incapaces de cuidar de él. Tras su muerte (a causa del frío), el niño regresa por la noche en forma de espíritu y frecuenta la casa de su familia, donde se alimenta del pecho de su madre. Cuando el espíritu ha adquirido fuerza suficiente, puede metamorfosearse en animal y matar a toda su familia.

Anuk-ite / Anog Ite (Mujer de dos caras)

- **Mitología nativa americana**

En la mitología de los nativos americanos, Ite era la hermosa hija del Primer Hombre y la Primera Mujer. Era la esposa de Tate, el viento. Tras dar a luz a cuatrillizos, volvió a quedarse embarazada y quiso sustituir a Hanwi (la Luna) para convertirse en la nueva esposa de Wi (el Sol). Skan (el Cielo) descubrió sus intenciones y la condenó a vivir con dos cabezas: una muy hermosa y otra grotescamente fea. Por eso hoy se la llama Anog Ite (Mujer de dos caras).

Caminante de la piel

■ **Mitología nativa americana**
El cambiapieles procede de la tradición navajo. Es una persona malévola con poderes sobrenaturales. El cambiapieles adopta la apariencia de un lobo, coyote u otro animal cuando lleva una piel de esa especie.
Skinwalker significa literalmente caminante de pieles.

Wendigo

Mitología nativa americana
El wendigo es una criatura monstruosa que come carne humana.
El wendigo era originalmente un hombre que se transforma tras comer carne humana.
El wendigo es la versión nativa americana del hombre lobo europeo.

Mitología sudamericana

CHALCHIVHTLICVE

- **MITOLOGÍA: DIOSA PRECOLOMBINA**

Diosa azteca de los ríos, los lagos y el mar; principio femenino de la vida.

Compañera del dios Tlaloc, como él ya existe en la civilización de Teotihuacan.

CHVPACABRA

- **MITOLOGÍA AMAZÓNICA**

El chupacabras es un animal latinoamericano que ataca a los animales y bebe su sangre. Al chupacabras le gustan especialmente las cabras.

Chupacabras significa literalmente "chupa cabras".

ПAGVAL

- **MITOLOGÍA CENTROAMERICANA**

El nagual, también llamado nahual, es el espíritu guardián personal que reside en un animal. Esta creencia de los indios centroamericanos puede extenderse hasta el punto de que el hombre puede transformarse en un animal (su tótem). El animal en cuestión suele ser un pájaro, un ciervo o un jaguar.

Algunas tradiciones afirman que el nagual es el guardián sólo de los grandes jefes. En las tradiciones más extendidas, cada persona tiene un nagual. Se dice incluso que la primera criatura que cruza las cenizas delante de un bebé se convierte en su hijo nagual.

Tradicionalmente, quien desea recibir su nagual (como adulto), debe encontrar un lugar apartado y dormirse allí. Es durante el sueño o cuando se despierta cuando el nagual se le aparece al hombre y se convierte en su doble protector.

PISHTACO

- **MITOLOGÍA BOLIVIANA**

El Pishtaco o Kharisiri es una criatura vampírica de los Andes bolivianos. Esta criatura apareció en el siglo XVI tras la invasión de América Latina por los españoles.

Tradicionalmente, el pishtaco es una criatura femenina. Ataca a las personas intoxicadas y penetra en su organismo a través del hígado. La entrada de la criatura deja una cicatriz característica.

El pishtaco se alimenta del tejido adiposo de sus víctimas.

La persona que sufre la presencia de esta criatura padece fiebre alta.

Masticar hojas de cacao ahuyentará al pishtaco.

QUETZALCÓATL

- **MITOLOGÍA: DIOS AZTECA Y MAYA**

Serpiente emplumada, dios de la vegetación y del viento, es también un dios creador (crea a los hombres y les da el maíz y participa en la creación de las almas de todos los hombres).

La serpiente con sus plumas representa el arco iris que une la tierra y el cielo después de una tormenta.

Telchac / Chac / Tlaloc

- **Mitología: Dios azteca y maya**

Dios de la Lluvia y la Vegetación, que preside el Tlalocan, reino de los ahogados, fulminados por el rayo o víctimas de la hidropesía.

Siempre se le representa con los ojos rodeados de serpientes (como las gafas) y la boca con colmillos.

Esta antiquísima divinidad, probablemente de origen olmeca, es conocida por los mayas como Chac. Entre los aztecas, se convirtió en un dios muy poderoso, al que estaba dedicado uno de los templos gemelos de la ciudad de Tenochtitlan.

Tezcatlipoca

- **Mitología azteca y maya**

El dios Tezcatlipoca, dios de la Guerra y la Noche, era el protector de vampiros y hombres lobo.

Zipacna

- **Mitología: Dios maya**

Es el hijo mayor de Vukub-Caquix y Chimalmart. Su hermano, Cabraca, es "terremoto".

Zipacna es el "acaparador de montañas".

Mitología asiática (otros)

ACHERI

- **MITOLOGÍA INDIA**

Un acheri procede de la tradición india. Es el fantasma de una niña que vive en las colinas y trae enfermedades, sobre todo a los niños. Desciende al valle por la noche y siembra enfermedades allí donde se posa su sombra. Un amuleto colgado del extremo de una cuerda roja que se lleva alrededor del cuello proporciona protección contra los acheri.

YU / YU EL GRANDE

- **MITOLOGÍA: HÉROE DEIFICADO CHINO**

Yu el Grande, héroe legendario y rey demiurgo de la antigua China que consiguió eliminar las aguas que habían invadido la tierra.

Yu es el héroe de varias aventuras, pero la principal es la remoción de las aguas, una obra iniciada por su padre que fue castigado por no terminarla. Yu tomó el relevo y contó con la ayuda de una tortuga gigante que transportó la tierra, un dragón que creó los canales para drenar las aguas hasta el mar y gigantes que talaron las montañas y vertieron la tierra al mar. Tardó trece años en drenar todas las aguas. Luego recorrió el mundo para rediseñarlo.

Yu inventó la red de pesca observando una tela de araña e inventó la cocina observando los efectos de los incendios forestales. Impresionado por su trabajo y su virtud, el emperador Shun lo nombró su sucesor.

Yu el Grande se convirtió entonces en el primer emperador de la dinastía Xia y fue divinizado como dios gobernador de las aguas.

Mitología europea

Leshii/ Licks

- **Mitología rusa**

Los leshii son demonios de madera, físicamente muy parecidos a los sátiros (éste es su único parecido). Tienen cuerpo humano hasta la cintura y la parte inferior tiene forma de cabra. Tienen cuernos, orejas y barba de cabra.

Los léchies tienen la capacidad de tener el tamaño de la hierba alta de un campo y el de los árboles de un bosque. Los gritos que emiten son aterradores.

Los léchies deambulan alrededor de los caminantes utilizando una voz que conocen para conducirlos a sus cuevas, donde disfrutan haciéndoles cosquillas hasta la muerte.

Mano de gloria

- **Edad Media**

La mano de la gloria es una magia de la Edad Media. Era la mano de un ahorcado que fue secada en sal y luego al sol. Se hace una vela con la grasa del ahorcado (el pelo del ahorcado se utiliza para hacer la mecha) y se coloca en la manzana de la mano (a veces se utilizan los dedos como base para cinco velas). Cuando la vela está encendida, hipnotiza a quienes la miran, lo que permite a los ladrones cometer sus robos.

Sabassis / Sabazios

▪ Mitología tracia

Sabazios es el dios tracio (y frigio) de la vegetación y la cerveza. Su culto se extendió a Grecia, donde se convirtió en Dioniso, a veces llamado Baco.

Sal

▪ Europa

La sal es un antídoto soberano contra los poderes del infierno. El diablo la odia tanto que no se come nada salado durante el sabbat de las brujas.

En Escocia, se coloca un jarrón con agua salada sobre el pecho del difunto para ahuyentar a los espíritus infernales.

Derramar sal sobre la mesa es de mal agüero. Por lo tanto, se lanza inmediatamente un pellizco por encima del hombro izquierdo con la mano derecha.

La sal es símbolo de eternidad y sabiduría porque no se corrompe.

Svarog

▪ Mitología: Dios eslavo

Svarog es el hijo del gran dios Rod.

Es el padre de Svarogich (dios del fuego, patrón de los herreros), Dajbog (el Sol) y todos los demás dioses.

Svarog es el gran maestro del Cielo.

Svarog lucha contra el dragón de muchas cabezas Zmei. Para derrotarlo, Svarog utiliza las tenazas de herrero. Tras la pelea,

Svarog arroja las tenazas a la tierra para enseñar a los hombres a trabajar el hierro.

Shtriga / Stryge

- **Mitología europea**

La shtriga (o strige / stryge) es una vampiresa con conocimientos de magia. Se dice que son antiguos magos que se han transformado en aves aladas que se alimentan de la sangre y la energía vital de bebés desatendidos que duermen.

Para protegerse de estas criaturas, se recomienda dejar un trozo de ajo (o pan con alas) bajo la almohada del bebé.

Originario de Albania, el strige fue asimilado rápidamente por griegos y romanos y luego por el resto de Europa.

Los albaneses las consideraban brujas que vivían en la comunidad y se alimentaban de la sangre de los bebés por la noche.

Para los romanos, tendía a alimentarse de energía vital.

Entre los francos, el término stryge se utiliza para designar a los magos y, más raramente, a los espectros y hombres lobo.

Zanna / Zana

- **Folclore rumano**

En Rumanía, Zana es un hada que vive en el bosque y guía, sobre todo a los niños, por el buen camino cuando se pierden. A Zana le gusta mostrarse a los niños, pero tiende a guiar a los adultos soplando en las hojas.

Es un personaje simpático que a veces equivale al "hada madrina" de Cenicienta.

Mitología musulmana

Mohammed

Mahoma, conocido como el Profeta, fundador de la religión del Islam.

Comenzó como pastor y más tarde se convirtió en un próspero comerciante. Era padre de cuatro hijas, entre ellas Fátima.

A la edad de cuarenta años, el Arcángel Gabriel vino a él y le reveló las palabras de Dios durante tres años. Con un pequeño grupo de discípulos, intentó difundir la palabra, pero fue expulsado de La Meca por las autoridades y se refugió en Medina. Era el primer año de la Hégira (calendario musulmán).

Poco a poco, Mahoma consiguió difundir la palabra del Islam, luchó contra sus adversarios y expulsó a los judíos de Medina. Consiguió conquistar La Meca y la convirtió en ciudad de peregrinación.

Mano de Fátima

Fátima es la hija del profeta Mahoma y esposa de Alí.

La mano de Fátima es un talismán musulmán (de origen antiguo), utilizado para protegerse del mal y de los malos espíritus.

Qareen

Un Qareen es una criatura de la mitología islámica. Al igual que un yinn, existe un Qareen para cada individuo en un mundo paralelo al nuestro. Es un compañero espiritual que puede influir en el individuo.

Mitología vudú

BARÓN SAMEDI

El Barón Samedi es el amo de los cementerios.

También es el lao (o lwa28) de los muertos. Pertenece a la familia Guede y su esposa es Mama Brigitte.

Es el más sofisticado de los espíritus de la muerte. Lleva un sombrero blanco alto, un smoking negro y gafas oscuras. Su rostro es blanco y hueco como una calavera.

A veces se le representa con bastoncillos de algodón en la nariz (preparación tradicional de los cadáveres en Haití).

Es conocido por su lenguaje grosero, su obscenidad, su libertinaje. Le gusta crear problemas. Le gusta mucho el tabaco y el ron.

Aunque es una deidad de la muerte, también es un espíritu de la sexualidad (a menudo se le representa con símbolos fálicos).

El Barón Samedi es el protector de los niños y a menudo se le invoca contra las enfermedades infantiles.

Como deidad de la muerte, decide quién vivirá y quién morirá. Por eso se le invoca para curar enfermedades cuando todo lo demás falla.

CHANGO

Chango es el dios del trueno, el relámpago y las tormentas. Representa el poder masculino. Como dios de la guerra, ayuda a superar todas las dificultades para alcanzar la victoria.

Su arma es un hacha de doble filo.

A menudo se representa a una mujer a los pies del dios, con un regalo en la mano.

Polvo goofer

Goofer dust es un polvo mágico muy antiguo. Se utiliza para lanzar poderosos hechizos contra los enemigos (para herirlos o matarlos). Con el ingrediente adecuado, también puede utilizarse como protección.

Hay muchas recetas para hacer este polvo, pero los ingredientes principales son tierra de cementerio, sal, arena, piel de serpiente y guano. A menudo se añaden huesos, insectos y pimienta.

Tonantzin

Tonantzin es la diosa de la tierra y la luna de los aztecas.
Diosa de la fertilidad, rige el cultivo del maíz. Una mala ofrenda podría provocar hambruna.

Voodoo

El vudú es una religión derivada de la importación de esclavos de África a las Indias Occidentales. Consiste en ritos mágicos africanos incorporados a la religión dominante de la época. El principio del vudú es que es mejor dirigirse a los dioses que a Dios, que está demasiado lejos y es demasiado respetable.

La magia vudú puede usarse para el bien o para el mal, como toda magia.

El Barón Samedi (dios de los cementerios) y la Señora Erzulie (diosa del amor) son los más invocados.

Yemaya

Originaria de África, es una figura importante en el Caribe. Se dice que es una adaptación de la Isis egipcia. Como diosa demiurgo, creó el océano cuando rompió aguas para dar a luz a sus catorce hijos.

Yemaya es el espíritu protector (orisha) del río Ogun y del agua dulce. Es una diosa madre que encarna la maternidad y preside los nacimientos. Es la madre de muchos dioses.

Comparte el reino del agua con Olokun (el mar) y Oshun (el agua dulce). Su palacio está obviamente bajo el agua.

Como protectora de las mujeres, a menudo se la describe como una sirena. Se la asocia con la luna, el océano y los misterios femeninos. Es la reina de los magos.

Otros

ABRACADABRA

Abracadabra es la palabra más famosa de encantamiento. Esta figura mágica tiene el poder de encantar enfermedades y curar la fiebre en particular. Bastaba con llevarlo colgado del cuello y la enfermedad desaparecía al cabo de siete días. Existe una variante en la que el encantamiento se arrojaba al río y se llevaba el mal.

Abracadabra
Abracadabr
Abracadab
Abracada
Abracad
Abraca
Abrac
Abra
Abr
Ab
A

AURA

- **PARAPSICOLOGÍA**

Es un halo que rodea a todos y representa la sofisticación del ser. Este halo sólo es visible para los iniciados, pero todos pueden verlo tras un encuentro directo con una deidad.

Belcebú

Belcebú, el Señor de las Moscas, era originalmente un dios cananeo. Se le adoraba por su poder sobre las moscas y por haberlas expulsado de los cultivos y de su templo.
Belcebú se convirtió más tarde en una de las muchas encarnaciones de Satanás.

Wicca

La Wicca es una religión neopagana, que despegó a mediados del siglo XX. Sus seguidores abogan por un culto a la naturaleza y "practican la magia" (los wiccanos pueden considerarse brujos modernos).
Estas inspiraciones son múltiples (budismo, germano-escandinavo, grecorromano, celta).
La Wicca está especialmente unida a los celtas por sus sabbats rituales en las lunas llenas, solsticios y equinoccios, así como por los cuatro grandes festivales celtas: Samain, Imbolc, Beltaine y Lugnasadh. Además, el principio de una Diosa Madre (la Luna, principio femenino) que se une al Dios Cornudo (principio masculino) procede directamente de la mitología celta.

Principios que aparecen en varias mitologías

ÁRBOL DE LA VIDA

- **MITOLOGÍA CELTA**

El Árbol de la Vida celta es el eje primordial del Mundo. Une todos los mundos (terrestre, celeste y subterráneo). Su renovación estacional representa la regeneración continua del Cosmos.

Este árbol, casi siempre un roble, está custodiado por dragones con cuerpo de serpiente. Una divinidad masculina, acompañada de un caballo (o un carnero), se sienta bajo sus ramas. El árbol se representa a menudo como una palmera.

- **MITOLOGÍA ESCANDINAVA**

El Árbol de la Vida escandinavo se llama Yggdrasill. Se sitúa en el centro del mundo. Es un fresno perfecto, de hoja perenne, cuyas hojas cubren el cielo (y a veces lo están). Tiene tres raíces, la primera pertenece al reino de los Aesir, la segunda al reino de los Gigantes de la Escarcha y la tercera al "mundo nebuloso" Niflheim, gobernado por Hel (donde moran los hombres que han muerto de vejez y enfermedad). Yggdrasill es presa constante de quienes viven en sus ramas y a sus pies. Para protegerlo, las Norns lo rocían con agua fangosa del río Urd, que fluye bajo Yggdrasill.

Durante el Crepúsculo de los Poderosos, la lucha será tan terrible que Yggdrasill temblará.

- **MITOLOGÍA JUDEOCRISTIANA**

El árbol de la vida está presente en el Edén. Da vida a los que comen de su fruto. En el Apocalipsis también se menciona un árbol de la vida. Cuando los elegidos lleguen al paraíso, el árbol de la vida los alimentará con sus frutos y sus hojas los curarán.

- **MITOLOGÍA HINDÚ**

Para los hindúes, el árbol de la vida es un baniano. Este baniano logra la proeza de que sus raíces se junten con sus ramas y acaben tocándose. Representa el equilibrio cósmico donde la materia es la misma y siempre vuelve a su origen.

Chamán

Los chamanes pueden equipararse a los hechiceros, aunque sus orígenes difieren. Están presentes en muchas partes del mundo (principalmente en América, Australia y África). En Occidente, los druidas y algunos sacerdotes desempeñaban la misma función.

Los chamanes desempeñan un papel tanto de guía como de intermediario. Son médicos (identifican enfermedades) y curanderos (curan enfermedades), adivinos (predicen el futuro) y hechiceros (encuentran personas y objetos perdidos, desenmascaran a los culpables...). También tienen un rango social importante (ponen nombre a los hijos...).

Hellhound / Sabueso del infierno

Un sabueso infernal es una criatura demoníaca de gran poder físico con apariencia de perro.

El origen de esta criatura es sin duda Cerbero, el perro de Hades que custodia las puertas del inframundo e impide que los muertos escapen.

Sin embargo, el Hellhound aparece en la mitología celta como un gran perro negro, símbolo de la muerte.

Demonio

Del griego daimôn, que significa "genio, divinidad". Poder terrestre o celeste, es una entidad presente en todas las mitologías antiguas y en las religiones contemporáneas.

Debido a su fuerza natural, el demonio suele considerarse peligroso, pero es positivo cuando se domina, se doma o se amansa, como el Gigante Verde de las tradiciones celtas.

En el animismo, el demonio suele ser el espíritu o la energía de un río, un árbol, un volcán o un fenómeno incomprensible o incontrolable.

Para la Biblia, especialmente el Nuevo Testamento, los demonios son los agentes del mal, la enfermedad y el sufrimiento. Por lo tanto, expulsar demonios equivale a curar y aliviar el sufrimiento humano. Sólo la oración y el poder del Señor pueden triunfar sobre estas entidades negativas al servicio de Satanás.

Destino

Es el futuro predestinado de alguien o algo, inevitable, a menudo orquestado por un poder superior.

El destino puede ser beneficioso, en cuyo caso es buena suerte, o perjudicial, en cuyo caso es fatalidad.

Djinn / Genio

■ **Mitología oriental**

El término Djinn tiene su origen en Oriente y se refiere a un genio, que puede aparecer en forma humana o animal. Tiene las características de la forma prestada, pero conserva sus características intrínsecas. Algunos son beneficiosos y otros temibles.

La unión de un Djinn y un humano puede dar nacimiento a seres con cualidades extraordinarias o a seres diabólicos, se les llama entonces Ifrits y Marids.

- **MITOLOGÍA GERMANO-ESCANDINAVA**

El término genio se refiere a deidades secundarias. Algunos de ellos son objeto de culto popular, son deidades "personales", que desempeñan una función protectora, similar a la del ángel de la guarda cristiano.

El término genio también puede referirse a criaturas parecidas a las hadas:

- Elfos: tienen apariencia humana y son o muy bellos o pequeños y repulsivos.

- Gnomos: viven en la tierra y en las montañas. Son ancianos pequeños, con barba y gorro frigio rojo. Son invisibles durante el día, pero se delatan por la noche con el fuego y el ruido de su fragua.

- Goblins: se representan como viejos enanos con gorro frigio. Son bromistas y, en general, serviciales.

- Enanos: viven en cuevas, árboles huecos, madrigueras o en el seno de la tierra. A veces son hostiles a los humanos, pero la mayoría de las veces son amistosos con ellos.

- Nixes: son los genios del mar que atraen al hombre a las aguas. Pueden adoptar muchas formas y se les reconoce por el dobladillo húmedo de su ropa cuando tienen forma humana.

- Silfos: son los genios que habitan en la atmósfera; Oberón (rey de los elfos) es uno de ellos.

- **MITOLOGÍA GRECORROMANA**

El genio es la representación divinizada del hombre que protege al individuo. El término genio se utiliza para los genios ligados a los hombres y el término junón para los ligados a las mujeres.

- **MITOLOGÍA HINDÚ**

Los genios (Daityas y Danavas) son seres sobrenaturales que residen en los mundos inferiores pero disfrutan de los placeres celestiales. Forman parte de los antidioses (hermanos mayores de los dioses) y fueron relegados al inframundo por ser orgullosos, crueles y sensuales.

Infierno

- **Mitologías monoteístas**

Es el lugar donde las almas de los muertos impuros e infieles son atormentadas como castigo por sus malas acciones en la Tierra.

Para la religión cristiana, sólo las almas condenadas terminan en el infierno, los santos acaban directamente en el cielo y los pecadores deben cumplir su condena en el purgatorio antes de poder entrar en el cielo.

El infierno es el dominio de Satanás, el simbolismo del fuego casi siempre va unido a él.

- **Mitología griega**

Es el reino de los muertos y Hades es su guardián. Todos los muertos terminan ahí. Caronte guía a los muertos por el río Estigia hasta el Inframundo, custodiado por Cerbero (que impide que los muertos salgan). Tres jueces (Minos, Aeacus y Rhadamanthe) deciden dónde irán a parar los muertos. El inframundo tiene varios lugares.

Los muertos van a la que corresponde a la vida que llevaron en la Tierra:

- El Tártaro (donde acaban los malos y sufren su castigo eterno);
- Los Campos de Asfódelos (donde acaban la mayoría de los muertos, realizando de forma mecánica las tareas que hicieron en vida);
- Los Campos Elíseos (lugar de delicias donde van a parar las almas que lo merecen).

- **Mitología escandinava**

En la mitología nórdica no existe el infierno como tal. Las almas de los muertos acaban en lugares diferentes según su vida. Los hombres que mueren de viejos o enfermos van a parar al reino de Hel ; los combatientes caídos acaban, la mitad en el Valhalla de Odín, la otra mitad en la morada de Freyia

- **Mitología celta**

No existe el infierno en la mitología celta. Los héroes van al Otro Mundo donde hay paz y abundancia (como Arturo) mientras que el resto de los mortales son llevados por el Ankou30 (una figura de la muerte, un esqueleto que lleva su guadaña y llena su chirriante carro con las almas de los muertos) a través del Gran Océano hacia el oeste del ocaso.

- **Mitología egipcia**

No hay castigos de ultratumba, sino que los justos disfrutan de una vida eterna similar a la que experimentaron en la tierra, mientras que los malvados están condenados a la nada.

- **Mitología mesopotámica**

En las profundidades de la tierra hay un Kigallu, rodeado por un recinto séptuple. Los muertos están inmersos en una densa oscuridad y sólo tienen por alimento las ofrendas de los vivos depositadas en las tumbas.

Los muertos se convierten en una especie de espíritus o fantasmas. El espíritu fantasma, sobre todo tras una muerte violenta, adopta a veces un aspecto malévolo y atormenta a los vivos.

Sólo los recién nacidos y los que murieron antes de tiempo disfrutan de una existencia placentera en el más allá. Los muertos insepultos tienen una existencia post mortem de lo más agobiante.

Fantasma (espectro, ectoplasma, espectro...)

- **Mitología**

Los fantasmas son uno de los seres presentes en todas las mitologías. Los vivos les temen y han establecido muchos rituales para asegurarse de que un difunto no regrese como fantasma (testamento celta). Los lémures pueden ser tanto fantasmas como vampiros.

- **LEYENDA**

El fantasma, revenant, espíritu, aparición, fantasma31 , spectre, es la aparición de una persona fallecida de forma real o translúcida. El difunto regresa bajo esta forma, sobre todo en caso de muerte violenta, para vengarse o ser vengado. Existen varios rituales para deshacerse de un fantasma, en particular proporcionarle un entierro digno u obtener una reparación. Cuando un fantasma no ha podido obtenerla, frecuenta el lugar y puede convertirse en un espíritu maligno hasta que alguien le ayude a obtener justicia.

- **ECTOPLASMA**

El ectoplasma es la sustancia inmaterial que sale del cuerpo del médium cuando éste entra en trance. Esta sustancia, de color entre gris y blanco, no es visible cuando hay demasiada luz. Es un fenómeno efímero porque el ectoplasma, que puede tomar la forma del cuerpo del médium, vuelve al cabo de unos instantes al cuerpo del médium.

- **ESPÍRITU**

Un espíritu es el alma de una persona muerta que vive en la Tierra.

- **FANTASMA**

Fantasma puede ser sinónimo de fantasma, espectro o aparición.

- **POLTERGEIST**

Un poltergeist es un espíritu sorprendente, originario de Alemania, que se caracteriza por su capacidad para hacer ruido y expresar su presencia moviendo objetos.

- **ESPECTRO**

Un espectro es una sustancia sin cuerpo que se aparece a los humanos para causar miedo.
El espectro se asocia a veces con un fantasma.

- **ESPECTRO**

Espectro es una aparición o espectro del folclore celta (Reino Unido).

Hada

- **Mitología grecorromana**

El origen de la palabra hada procede del latín fata / fatum, Destino, Fatalidad. Originalmente, las hadas eran las tres Moires (Parques para los romanos) que vigilaban el curso de la vida humana: Clotho hila, Lachesis dispensa y Atropos corta el hilo de la vida.

- **Mitología francesa**

El hada es una criatura femenina con poderes sobrenaturales. Son las antiguas deidades de la naturaleza. Pueden ser mensajeros divinos. Las hadas reciben varios nombres según su origen geográfico: Fada (Provenza), Fade (Gascuña), Fadet, Farfadet y Fée (la mayoría de las regiones francesas). Las hadas son a veces buenas, a veces malas, como los genios.

- **Mitología celta y artúrica**

Las hadas irlandesas son las Banshees y también tienen el papel de mensajeras. Las hadas viven en sids, que pueden tener forma de montículo, colina o megalito. Actúan como enlace en la mayoría de los mitos en los que aparecen; son las damiselas de la mitología artúrica.

- **Universo fantástico**

Cada vez que alguien dice que no cree en las hadas, muere un hada en el mundo (Peter Pan). El hada está presente en el universo fantástico, a menudo en su forma benéfica (se la llamará bruja en su forma maléfica).

Fuego

En persa, Hori significa/simboliza el fuego.

El simbolismo del fuego está presente en muchas mitologías y religiones.

El fuego era originalmente un símbolo del hogar (la casa), así como de la evolución de la humanidad (el trabajo del hierro y las armas).

Más tarde, el simbolismo del fuego se utilizó como instrumento purificador (las brujas eran quemadas) o como castigo (condenación eterna en las llamas del Infierno).

Fin de los Tiempos

El tema del fin del mundo, del fin de los tiempos, se encuentra en muchas mitologías.

- **Mitología germano-escandinava: Ragnarok**

Ragnarok, o el Crepúsculo de los Poderosos es el fin del mundo tal y como lo conocemos. Es una profecía que el Altísimo, Odín, revela.

Los acontecimientos que destruirán el mundo se anuncian con el Gran Invierno (un invierno que dura cuatro años). Estallan guerras y tormentas por toda la tierra, los hermanos se matan entre sí y los lobos (revenants) invaden la tierra. Las estrellas desaparecen, un lobo se traga el sol y otro la luna. Terribles terremotos arrancan los árboles y permiten al lobo Fenrir romper sus cadenas. La serpiente de Midgard se une a Fenrir en la tierra y nada impide que las aguas de los océanos cubran la tierra. La serpiente responde con su veneno sobre la tierra mientras Fenrir la raspa con la boca.

Los Aesir son advertidos por Heimdall y celebran un último consejo antes de entrar en batalla. Odín libera a sus guerreros y los conduce a la batalla con su casco y su lanza dorados.

Odín ataca a Fenrir, Thor lucha contra la serpiente, Freyr lucha contra Surt y Heimdall y Loki pelean.

Cuando el mundo es destruido, cuando los Aesir, los hombres y los guerreros son aniquilados, muchas viviendas siguen en pie.

Una nueva tierra verde y hermosa surgirá del mar y será verde, hermosa y fértil y producirá frutos sin haber sido cultivada. En esta tierra vivirán los supervivientes: seis dioses (Vail, Modi, Magni, Baldr, Hodr y Vidar) y dos humanos (Lif y Leif-thrasir). Allí encontrarán las tablas doradas de los Aesir (su conocimiento) y comenzarán un nuevo ciclo vital.

- **Mitología judeocristiana: el Apocalipsis**

El apocalipsis es el fin del mundo representado por el regreso de Cristo victorioso que restaura la justicia en el mundo, recompensando a los justos y fieles y castigando a los malvados e injustos.

Los ángeles tocarán la trompeta, que hará que se abran los siete sellos del libro del Apocalipsis, de donde saldrán los Jinetes (cuatro primeros sellos) y las bestias monstruosas. Cuando se abra el séptimo sello, Cristo regresará.

- **Mitología hindú: Kalki**

Kalki es el décimo avatar de Visnú, el que aún no ha descendido a la Tierra.

Cuando Vishnu descienda a la Tierra en forma de Kalki, destruirá el mundo y aparecerá una nueva humanidad.

Kalki significa Cumplimiento.

Fuente de la juventud

La Fuente de la Juventud es una fuente legendaria cuyas aguas devuelven la juventud. Este mito se encuentra en varias mitologías en diferentes formas.

- **Mitología grecorromana :**

Hebe (griega) o Juventas (romana) es la hija de Zeus y Hera, hermana de Ares.

Daba la eterna juventud y la inmortalidad a los dioses vertiendo Ambrosía sobre ellos.

Cuando fue entregada a Heracles (Hércules) en matrimonio, Ganímedes la sustituyó.

- **Mitología celta**

El dios Dian Cecht es el dios de la curación. Posee un río cuyas aguas tienen la capacidad de curar cualquier herida, excepto la decapitación.
Su hija, Airmid, identificaba todas las plantas medicinales.
Alquimia
La piedra filosofal es la fuente de la juventud de los alquimistas. Esta piedra legendaria es capaz de transmutar la materia. Transforma el plomo en oro y permite al hombre vivir fuera de las limitaciones físicas, ya sea proporcionándole el elixir de la larga vida o permitiéndole elevarse a otro nivel de conciencia.

- **Leyenda / Historia**

En Francia, como en otros países, hay pozos, ríos y fuentes que tienen fama de curar enfermedades, prolongando así la vida.
La leyenda contemporánea más famosa es la de Juan Ponce de León. Este explorador español del siglo XVI creía haber descubierto la Fuente de la Juventud en Florida. La ciudad pionera de San Agustín afirma ser esta fuente de la juventud.
Se dice que Alejandro Magno partió a la conquista del mundo con la esperanza de encontrar un río que le permitiera escapar a los estragos del tiempo.

Maldición

Una maldición es un hechizo hostil, que trae desgracia y mala suerte a quien lo sufre. La persona queda entonces maldita.
Suele ser un castigo por ofender a un poder superior (deidad o humano con poder).
La maldición puede aplicarse a una sola persona o a todo un linaje o pueblo. En este caso, suele haber una penitencia que cumplir para levantar la maldición.

La madre naturaleza

La madre o madre naturaleza es la personificación de la naturaleza.

En la mitología grecorromana, Gaia fue en un tiempo la representación, pero esta personificación se ha perdido con el tiempo.

La noción de Madre Naturaleza está más presente hoy en día, donde el Hombre la usa y abusa de ella sin ninguna consideración.

La noción de una madre naturaleza protectora que devolvería los beneficios que se le dan aparece cada vez más en nuestro mundo industrializado.

Nigromante

Un nigromante es alguien que practica la nigromancia.

La nigromancia es el arte de leer a los muertos (especialmente sus entrañas) para predecir el futuro.

Esta práctica es muy antigua y siempre ha sido considerada diabólica y satánica por la Iglesia.

Oracle

Un oráculo es la respuesta que una divinidad da a los fieles que le han consultado.

El término también se refiere a la persona a través de la cual habla la divinidad o al lugar donde se dan los oráculos.

En la mayoría de los casos, los oráculos son oscuros y adoptan la forma de un acertijo. Corresponde a los sacerdotes interpretarlas.

Esta forma de cuestionar a los dioses se encuentra en la mayoría de las mitologías.

Pentagrama

Un pentagrama (o pentáculo) es una estrella de cinco puntas con todas las puntas conectadas.

Representa la unión de lo desigual formando un todo. Obtiene su poder de los opuestos de los que se deriva.

Es un símbolo poderoso para alquimistas, brujos y masones.

Cuando se representa con una punta en la parte superior, es un símbolo de magia blanca (ver imagen), cuando se representa con dos puntas en la parte superior, es un símbolo de magia negra (las puntas representan los cuernos de Satán).

En el hinduismo, el pentagrama es un símbolo de Visnú. Consta de cinco triángulos que rodean un pentágono.

Profeta

Intérprete de la voluntad de una divinidad para el presente o el futuro. Este personaje está presente sobre todo en las religiones y mitologías que esperan un salvador. La función del profeta es preparar al pueblo para su venida.

Sirenas

- **Mitología**

Las sirenas están presentes en muchas mitologías. Su aspecto popularmente aceptado procede de la mitología griega, y más concretamente de la Odisea (el mítico viaje de Odiseo): mitad mujer, mitad pez, con largos cabellos. Atraen a los marineros con su canto para provocar naufragios y ahogarlos.

La sirena también está presente en la mitología celta, donde seduce a los pescadores y los arrastra al fondo del mar.

La sirena sigue representando la seducción y la fatalidad del mar.

- **Idioma**

El canto de la sirena: una oferta seductora pero peligrosa.

- **Criatura fantástica :**

Véase el capítulo dedicado.

Bruja

En todas las mitologías y religiones hay seres que practican la magia. Por otra parte, la sociedad los convierte en seres benéficos o maléficos (según la mitología considerada). En todos los casos, los seres mágicos son siempre respetados y/o temidos.

- **Mitología celta**

Los druidas pertenecían a una clase social alta que incluía a bardos, poetas y adivinos. Conocían las plantas y sus usos.

En la Galia, actuaban como educadores y practicaban numerosos ritos (el de la recolección del muérdago es el único que conocemos).

En Irlanda, los druidas son todos magos. Evocan el pasado y predicen el futuro. Tienen un papel de curanderos.

- **Mitología egipcia**

Isis es la primera de las magas. Se la venera en todo Egipto y su culto es uno de los últimos en desaparecer.

Los sacerdotes de varios cultos pueden considerarse hechiceros.

- **Mitología germano-escandinava**

Las brujas son mujeres malignas que atormentan al hombre destruyendo su obra y que metamorfosean el ganado.

Viajan a lomos de cabras y a menudo se les ve cruzando el cielo.

- **Mitología grecorromana**

Hécate es la diosa de la magia y la hechicería. Es la protectora de las brujas y les ayuda a preparar sus pociones.

Circe es una hechicera que convirtió en cerdos a los compañeros de Odiseo cuando llegaron a su isla. Odiseo no sufrió su poder porque tenía una hierba, que le dio Hermes, que le protegía de los poderes de Circe.

- **Mitología judeocristiana**

Los hechiceros son seres que practican la magia al igual que los sacerdotes de las religiones antiguas.

La magia es siempre negra (nunca blanca) porque es una manipulación del mundo tal como Dios lo creó. Los practicantes de magia son casi siempre mujeres (porque las mujeres son portadoras del pecado original y, por tanto, más propensas a la tentación que los hombres).

Los magos y las brujas siempre han sido condenados y perseguidos. Los periodos más oscuros han dejado su huella en la historia (la Inquisición del siglo XV al XVIII; los juicios por brujería de Salem en 1692, etc.).

No hay que confundir a las brujas con los (reyes)-magos, que eran sacerdotes astrológicos que fueron avisados del nacimiento de Cristo por una estrella y le siguieron para honrar su nacimiento.

- **Criatura fantástica :**

Véase el capítulo dedicado.

Tres

El simbolismo del número tres está presente en muchas mitologías y religiones, de diversas formas.

- **Mitología celta :**

El número tres está muy presente en la mitología celta y tiene una gran importancia. En concreto, representa el ciclo de la luna (ascendente, llena, descendente) que representa a la diosa madre y sus funciones (hija/amante/madre).

El tres representa la totalidad de un hecho o acción (principio/medio/final), que se encuentra en la vida en forma de nacimiento/madurez/muerte o pasado/presente/futuro.

El tres aparece en muchos símbolos, entre ellos la triquetra (ver imagen), que simboliza la agrupación de tres personas u objetos y que forma un todo (tanto si el círculo está dentro como fuera o incluso no existe).

El trébol es la representación simbólica y natural del tres.

- **Mitología grecorromana:**

Para los griegos, el mundo se divide en tres partes, cada una gobernada por un dios: el cielo (Zeus), el mar (Poseidón) y el inframundo (Hades).

Las tres Moires (Parques para los romanos), que determinan el nacimiento, la vida y la muerte de los hombres, reflejan la importancia de los tres.

- **Mitología judeocristiana:**

Para los judeocristianos, el número tres está en todas partes: la división del mundo (tierra, cielo e infierno); la santísima trinidad (Padre, hijo y Espíritu Santo), la sagrada familia (Jesús, María, José); los reyes magos (que representan la unión de los pueblos, así como las edades).

Los antiguos símbolos que representaban el número tres fueron retomados por la Iglesia e incorporados como representación de la Santísima Trinidad.

- **Mitologías:**

El número tres también es un componente del igualmente importante número cinco, utilizado principalmente como protección.

Vampiro

- **Mitología azteca y maya**

El dios Tezcatlipoca, dios de la Guerra y la Noche, era el protector de vampiros y hombres lobo.

- **Mitología griega**

Lamia se encontraba entre los griegos que secuestraban a los niños pequeños para chuparles la sangre. Lamia se utilizaba como hombre del saco en la antigüedad.

- **Mitología hindú**

Los Vetalas son vampiros que animan cadáveres. Practican magia negra.

- **Mitología judeocristiana**

Esta es la forma más popular de los vampiros. Son personas vivas que han sido mordidas y luego transformadas en vampiros. Tradicionalmente, el futuro vampiro tiene que beber sangre de vampiro para convertirse en uno. Pero en algunas tradiciones, el que es mordido por un vampiro se convierte a su vez en vampiro.

Los vampiros son muertos vivientes, no tienen pulso ni se reflejan en un espejo. Temen la cruz, el agua bendita, el ajo y la plata (metal). Para matarlos, hay que clavarles una estaca de madera en el corazón o cortarles la cabeza. El fuego y la luz del sol son fatales para ellos.

Los vampiros son descendientes de Lilith (la primera esposa de Adán, creada al mismo tiempo que él a partir del barro; estéril y secuestradora de niños) o hijos de Judas (el que traicionó a Cristo por treinta monedas de plata, dándole un beso y ahorcándose).

- **Mitología romana**

Los lémures son los espíritus de los muertos.

Había ceremonias a principios de mayo, llamadas Lemuria, para librarse de estos espíritus ofreciéndoles judías negras.

- **Criaturas fantásticas**

Véase el capítulo dedicado.

Símbolo y plantas

Acónito

- **PLANTA / SUPERSTICIÓN**

El acónito es una planta venenosa. Las flores del acónito son azules, las del acónito amarillas. La aconitina se extrae de los tubérculos del acónito. Es una sustancia con fuertes propiedades terapéuticas. En la superstición, el acónito es un veneno que puede curar las mordeduras mortales de serpiente. Se dice que Wolfsbane es la baba de Cerbero que cayó al suelo.

Wolfsbane se llama Wolfbane en inglés.

- **ACONITUM NAPELLUS**

Napela de acónito, casco de Júpiter. Flores azules

Aconitum lycoctonum subsp. vulparia

Wolfsbane, carro de Venus. Flores amarillas

- **EL LENGUAJE DE LAS FLORES**

En el lenguaje de las flores (de uso común en el siglo XIX), monserga se refiere a la misantropía o aversión hacia los demás

Águila

El águila es un animal majestuoso, el homólogo aéreo del león. Es un símbolo de fuerza, poder y altura.

En la mitología griega, es el emblema de Zeus y a veces su avatar. También tiene un aspecto cruel (es en esta forma como Zeus vuelve cada día para comerse el hígado de Prometeo, castigado por haber dado el conocimiento del fuego al Hombre).

También es un símbolo de elevación espiritual y la religión cristiana lo adopta en este sentido. El águila se convierte así en el símbolo del evangelista San Juan.

Como símbolo de poder, muchas naciones lo utilizan como emblema. Es el caso del Imperio Romano, Napoleón, el Presidente de Estados Unidos,...

El águila aparece brevemente en la mitología celta, donde se la reconoce como uno de los animales más antiguos.

Latón

El latón es una aleación a base de cobre, ahora llamada bronce. Simbólicamente, el bronce representa la dualidad del bien y el mal. También simboliza la solidez.
También es un símbolo de protección.

Angélica

La angélica se utiliza para proteger contra la fascinación de la magia. Se lleva como amuleto alrededor del cuello para protegerse de los maleficios.

Artemisa

- **ARTEMISIA VULGARIS**

La artemisa es una planta con propiedades supersticiosas (el estragón y el ajenjo son artemisas). Una decocción de artemisa preparada el quinto día del quinto mes puede utilizarse para eliminar hechizos de los objetos. Para alejar las influencias malignas, se recomienda lanzar flechas con artemisa a los cuatro puntos cardinales el primer día del año. La artemisa es una planta que representa el vigor y aporta salud a quienes la llevan. Protege al viajero del sol, los animales salvajes y la fatiga. Es un remedio contra ciertos venenos, tiene propiedades purificadoras y favorece el flujo de la menstruación.

La artemisa se llama Wormwood33 en inglés.

- **El lenguaje de las flores**

En el lenguaje de las flores (de uso común en el siglo XIX), la artemisa se asocia a menudo con el arrepentimiento o la amargura.

Asphodel

- **Planta / Superstición**

El asfódelo es una planta herbácea de flores blancas.

El asfódelo es una de las plantas que se encuentran en los Campos Elíseos del inframundo griego. Esta planta está vinculada a las diosas ctónicas Hécate y Perséfone, por ejemplo. Se colocaba sobre las tumbas de los muertos en la época romana.

Es una planta muy poderosa con muchas virtudes. Puede utilizarse para extinguir quemaduras y mordeduras. También puede utilizarse como tónico nervioso y articular. Colocadas bajo la almohada, las flores evitan las picaduras de serpientes y escorpiones (animales ctónicos). Colgadas en la puerta protegen contra los maleficios.

- **El lenguaje de las flores**

En el lenguaje de las flores (de uso común en el siglo XIX), asfódelo significa "recordar más allá de la tumba" o "mi pesar te sigue hasta la tumba".

Belladona / Hierba del diablo

La belladona (Atropa belladona) también recibe el nombre de hierba del diablo o zapatito de dama. El término belladona (del italiano bella donna, es decir, "bella dama") procede del hecho de que las mujeres italianas, a partir del siglo XV, utilizaban esta planta para dilatar las pupilas de sus ojos y hacerlos parecer más grandes y bellos.

La belladona, una planta herbácea alta, es muy venenosa. Sus bayas violáceas son responsables de intoxicaciones graves (agitación con delirio). De sus hojas y raíces se extraen alcaloides (atropina, hiosciamina) con diversos usos terapéuticos.

Bezoar

- **Leyenda**

El bezoar es una piedra (congregación de minerales) que se encuentra en el interior del estómago de las cabras (y de los herbívoros en general). Es un ingrediente utilizado en magia y alquimia. La palabra procede del árabe bazahr (y del persa pad-zahr) y significa piedra venenosa.

Tejón

El tejón tiene fama de perezoso, desconfiado y solitario.

En Europa, el tejón simboliza la astucia y la picardía. Es el emblema del sueño.

En Japón, el tejón simboliza la astucia y el engaño sin malicia disfrazándose de monje. Tamborilea sobre su vientre en las noches de luna llena. Furudanuki (viejo tejón) se refiere a un viejo embaucador.

En la antigua Grecia, el tejón se utilizaba como medicina contra la rabia, los vómitos y las fiebres.

Gato

En la mitología celta, el gato está asociado a la Luna y se considera su emblema. Sus ojos reflejan la luz de la luna a pesar de la noche. Este animal se alimenta de ratones, símbolo de fuerzas subterráneas y riquezas. Los gatos son buenos guardianes de tesoros.

En la antigüedad, el gato era un símbolo de la luna. Artemisa, la diosa cazadora, se transforma en gato y va a Egipto para escapar de Tifón.

En Egipto, el gato es un animal sagrado. Bastet, la diosa-gata, es la protectora de la humanidad. Es ella quien persigue a Apofis la serpiente del camino del sol (Ra en su barca).

El gato representa tanto aspectos beneficiosos como perjudiciales. Se le considera taimado pero amable.

En Japón se dice que los gatos pueden matar a las mujeres y adoptar su forma.

En la tradición musulmana, el gato es un animal auspicioso, a menos que sea negro. El gato negro perfecto posee cualidades mágicas y tiene siete vidas. Esta superstición del gato negro está presente en el folclore europeo. De hecho, es el animal (mascota) de las brujas. Grimalkin es el nombre que las brujas inglesas dan al diablo cuando viene al Sabbat en forma de gato.

Ciervo

En la mitología celta, el ciervo es un animal sagrado y real. Animal noble, representa la vida, la fuerza, la velocidad y la longevidad. La captura del Rey Cornudo por el aspirante al trono es el rito tradicional para convertirse en rey. También es un animal que permite a los hombres ir al Otro Mundo, razón por la que a menudo adorna las tumbas. Este simbolismo fue retomado por el cristianismo medieval y el ciervo aparece en los cementerios.

Roble

En muchas mitologías, el roble representa el vínculo entre el cielo (lo divino) y la tierra (las personas). Muchas deidades del cielo y del trueno tienen robles dedicados: Zeus en Dodona, Júpiter en Roma, Ramowe en Prusia, Perun entre los eslavos. El roble atrae los rayos, lo que es un buen augurio. Entre los romanos, las coronas de roble eran las coronas cívicas. Son las condecoraciones militares más ilustres y el emblema de la clemencia imperial. Es especialmente venerado por los celtas, cuyo árbol es en sí mismo un templo. El roble simboliza el poder y la fuerza (tanto mental como física). Su longevidad también la convierte en símbolo de sabiduría.

CABRA / BUCK

Cuando el dios Pan huyó de Grecia, encontró refugio en Egipto en forma de cabra, razón por la cual, en el antiguo Egipto, la cabra era venerada y estaba prohibido matarla.

Algunos demonios y hechiceros adoptaron la apariencia de una cabra.

La cabra es una de las formas privilegiadas del diablo. Se trata de una gran cabra negra que se aparece a las brujas los sábados por la noche.

CUERVO

El cuervo es un animal de conocimiento y astucia.

En la mitología germano-escandinava, Hugin (Conocimiento) y Munir (Memoria) son los dos cuervos de Odín que recorren el mundo.

En la mitología celta, el cuervo es un animal importante, un profeta. Es el emblema del dios Lug. Se posa en el hombro de Lug y le informa. La diosa Morrigane, diosa de la muerte y de la furia guerrera, viaja en forma de cuervo.

En China y Japón, el cuervo simboliza el amor familiar y la gratitud filial. En Japón, el cuervo es un mensajero divino, como en Grecia. Originalmente, el cuervo era un héroe solitario, un demiurgo o mensajero divino, un guía y a veces un guía de almas. Sólo recientemente se ha asociado al cuervo con la imagen negativa de la muerte, el carroñero del campo de batalla.

Cuenta la leyenda que cuando los cuervos desaparezcan de la Torre de Londres, la actual dinastía real llegará a su fin.

Sapo

En Europa, el sapo es símbolo de mala suerte. Es el enemigo de la rana, que es el símbolo de la resurrección.

Otorga el poder de lanzar hechizos maléficos si uno consigue observarlo durante 24 horas encerrado en un frasco de alcohol. Para ahuyentar la desgracia que se ha abatido sobre una granja, basta con desalojar al sapo que se ha instalado en el umbral del establo.

Cuando el demonio se convierte en sapo, suele encontrarse en el hombro de una bruja.

En China, el sapo es un animal lunar, cuyo aspecto yin predomina sobre el yang.

El sapo es el dios maya de la lluvia.

Dictam

- **Planta / Superstición**

El díctamo es una planta de color turquesa con hojas redondas y carnosas cubiertas de un fino vello. Abunda en el monte Dicta, en Creta.

Las cabras y los ciervos heridos lo comen para derribar las flechas. Los animales que pican se vuelven inofensivos cuando lo respiran. Se utiliza para curar heridas, acelera la cicatrización, calma enfermedades nerviosas...

Dictamus puede utilizarse para aliviar el ciclo menstrual y facilitar el parto. Otra de sus virtudes es sacar fetos muertos.

Muérdago

El muérdago es una planta con propiedades divinas porque crece y vive sin tocar el suelo. Protege contra los maleficios, pero su recogida debe ritualizarse para no mancillar sus propiedades. Se puede utilizar una varita adornada con muérdago para encontrar oro enterrado.

En Roma, cura la epilepsia y favorece la fertilidad.

Los celtas y los germanos también la consideraban un remedio contra la epilepsia. Además, lo llevaban en la batalla para protegerse de las heridas y salir victoriosos.

En la antigua Grecia, el muérdago también tenía la virtud de un salvoconducto. Permitió a Eneas pasar ante Caronte en su camino al Inframundo.

El muérdago también se conoce en inglés como mistletoe.

Búho

El búho es un animal nocturno que simboliza la tristeza y la oscuridad. Es el mensajero de Átropos, una de las Parcas griegas.

En la antigua China, el búho simboliza el yang y, más concretamente, el exceso de yang. Se come a su madre y se manifiesta con relámpagos. Durante la Segunda Dinastía, como emblema del rayo, aparecía en los estandartes reales.

Para los amerindios, el búho da poder y protección durante la noche. Sus plumas se utilizan en determinados rituales.

Para los mayas, "cuando el búho canta, el indio muere".

El simbolismo del búho es mucho más beneficioso y positivo. Es el símbolo de Atenea, diosa de la sabiduría guerrera. El búho simboliza a veces el don de la clarividencia.

En Sudamérica, el búho se asocia a menudo con el dios de la muerte. Su efigie se encuentra en tumbas de sacrificio.

En Europa, fue con la llegada del cristianismo cuando el búho se convirtió en un animal de mal agüero.

Holly

▪ Planta / Superstición

El acebo es una planta bajo la protección de las deidades infernales de la que todo el mundo busca protección. Es una planta de mal agüero que debe quemarse por completo para ahuyentar los malos augurios y las apariciones. Sin embargo, colocado delante de las puertas de las casas, ahuyentaba los malos espíritus.

Jaguar

El jaguar es un animal con un fuerte simbolismo en Sudamérica. Venerado por los mayas, era el protector y guardián. Símbolo de la diosa luna-tierra, las brujas representan de esta forma las distintas fases de la luna.

El jaguar es el soberano del mundo terrestre (véase bajo la tierra), es el amo de la montaña. A menudo se le considera el águila de la tierra.

Cuando el jaguar se representa con cuatro ojos, simboliza el don de la clarividencia.

León

El león, rey de los animales, es el animal del valor por excelencia. Encarna el poder, la sabiduría y la justicia. Pero como animal todopoderoso, su orgullo y su confianza en sí mismo son sus puntos débiles.

El león aparece en muchos escudos y blasones a lo largo del tiempo y de los lugares. Está presente en el escudo del rey budista que reunificó la India (aún hoy). Está presente en el trono de Salomón, y también aparece en el trono de los reyes de Francia o de los obispos medievales.

Aparece como personaje poderoso y valiente en muchas mitologías. Es uno de los símbolos de Cristo y de la resurrección, y es también el emblema de San Marcos (cristianismo). Es el trono de Buda y uno de los avatares de Visnú (hinduismo). Es el protector de las influencias malignas en Extremo Oriente. El león expulsa a los demonios y trae prosperidad cuando se celebra en días festivos en Japón.

Lobo

El lobo se asocia con los guerreros y la guerra en la mayoría de las mitologías antiguas (celta, griega).

En la Antigua Roma, el lobo se asociaba a Marte, confiriéndole valor y poder. La loba es símbolo de fertilidad y ternura.

Su simbolismo es muy cercano al del perro en la mitología celta. Simboliza la caza y el acecho.

En la mitología artúrica, Merlín va acompañado de un lobo gris. Este lobo representa al doble de Merlín que viaja por el Otro Mundo.

Más recientemente, el lobo simboliza el salvajismo. Es la encarnación del mal y de Satanás.

El lobo representa el libertinaje y el deseo.

Lirios

El lirio es una planta de flor blanca, importada a Grecia desde Asia. El lirio es símbolo de fertilidad por la facilidad con que crece la planta. Su color blanco lo convierte también en símbolo de pureza.

El lirio se asocia a varias divinidades grecorromanas: Hera (protectora del matrimonio y, por tanto, de la fertilidad), Silvano (dios de los bosques y huertos), Pudicia (protectora de las jóvenes vírgenes y esposas).

El lirio es también un símbolo vegetal de la vida. En decocción con vino, puede utilizarse para tratar mordeduras de serpiente y setas venenosas. Llevado como amuleto, protege contra los venenos.

El lirio es una flor que se caracteriza por la brevedad de su existencia: se marchita en cuanto florece. El lirio simboliza la muerte y, más concretamente, la muerte prematura.

El lenguaje de las flores

En el lenguaje de las flores (de uso común en el siglo XIX), el lirio designa belleza, suavidad y elegancia.

Mandrágora

La mandrágora es una planta fabulosa cuyo poder reside en sus raíces. Conocida desde la antigüedad, tenía propiedades afrodisíacas para los egipcios. Inspiraba un temor reverencial en los

griegos, que la atribuían a la maga Circe. Machacada y tomada
en decocción con aceite y vino, cura las inflamaciones y el dolor
de ojos.

Venenosa, sólo es beneficiosa en las dosis adecuadas. Símbolo de
fertilidad, aporta riqueza y cura la esterilidad.

Se dice que la mandrágora nace del esperma de los ahorcados.
Es aconsejable recogerlo por la noche. Se dice que sus raíces son
medio humanas y que obtiene su alma cuando se saca de la tierra
según el rito consagrado. Quien no seguía el ritual era persegui-
do por la maldición de la mandrágora al oír sus gritos desgarra-
dores.

Miel

La miel, como la leche, es un alimento y una bebida que fluye por
todas las tierras prometidas.

Es la base del hidromiel, el néctar de la inmortalidad en el Otro
Mundo celta.

También se asocia con el conocimiento y la sabiduría cuando es
el único alimento.

Sus propiedades curativas son reconocidas por los amerindios y
los chinos. Los griegos lo utilizaban para purificar. Por su riqueza, a veces tiene un simbolismo ligado a la fertilidad y el erotismo.

Obsidiana

La obsidiana es una piedra que se encuentra en regiones volcáni-
cas o al borde del desierto. De color verde oscuro, esta piedra
muy dura adquiere una gran belleza cuando se pule.

Se utilizaba para fabricar herramientas antes de que el metal lo sustituyera.

Entre los indios centroamericanos, protegía de los maleficios y los espíritus malignos. En el pensamiento mexicano, la obsidiana representa el frío, la noche y la muerte. Los aztecas cubrían una herida con polvo de obsidiana porque puede abrir y cerrar la piel.

OUROBOROS

El ouroboros es el nombre de la serpiente que se muerde la cola. Simboliza un ciclo cerrado de evolución. Es un símbolo de movimiento, pero también de eterna repetición.

También puede tener otra interpretación. El de la unión entre el mundo ctónico, representado por la serpiente, y el del mundo celeste, representado por el círculo. En términos más generales, representa la unión de dos principios opuestos, como el cielo y la tierra, el bien y el mal, la noche y el día.

Para los alquimistas, el ouroboros, acompañado del lema "uno es todo", representa la unidad de la materia. La materia y la vida espiritual están en constante cambio.

OSO

En la mitología celta, el oso es el símbolo del poder temporal. Rige el mundo material y representa la fuerza. El oso se opone al jabalí, que representa el poder espiritual. Por eso Arturo persigue a la Laie de otro mundo para tener ambos poderes.

Pentáculo

Un pentagrama (o pentáculo) es una estrella de cinco puntas con todas las puntas conectadas. Representa la unión de lo desigual formando un todo. Obtiene su poder de los opuestos de los que se deriva. Es un símbolo poderoso para alquimistas, brujos y masones. Cuando se representa con una punta en la parte superior, es un símbolo de magia blanca (ver imagen), cuando se representa con dos puntas en la parte superior, es un símbolo de magia negra (las puntas representan los cuernos de Satán). En el hinduismo, el pentagrama es un símbolo de Visnú. Consta de cinco triángulos que rodean un pentágono.

Petunia

- **El lenguaje de las flores**

En el lenguaje de las flores (de uso común en el siglo XIX), petunia significa resentimiento e ira.

Salamandra

Aunque es un animal real, la salamandra encaja perfectamente en la superstición y el simbolismo. Es un batracio parecido a un lagarto, de piel negra con manchas amarillas.

Su piel segrega un veneno corrosivo que la protege durante algún tiempo de los efectos del calor. Por eso puede atravesar un incendio sin morir. Es esta particularidad la que lo ha convertido en un animal fantástico que resiste al fuego, se alimenta de él, lo fortalece y del que se dice que tiene la capacidad de extinguirlo. Sin embargo, se considera un reptil repulsivo que trae mala suerte. No fue hasta que Francisco I lo convirtió en su emblema que perdió su carácter nocivo y siguió siendo el símbolo vivo del fuego.

Jabalí

Entre los celtas, el jabalí representa la autoridad espiritual. Se asocia con los druidas. Se opone al oso, emblema del poder temporal. El jabalí es el alimento sacrificado durante el Samaín y es el animal dedicado a Lug. El jabalí constituye las fiestas del Otro Mundo, donde nunca disminuye.

Esta idea se encuentra en la mitología nórdica. Los guerreros de Odín en el Valhalla se alimentan de la carne del jabalí mágico (Sahmrimnir), que se reconstruye cada mañana. La caza seguida de la muerte del jabalí suele representar el final de un ciclo y el comienzo de otro nuevo.

En China, el jabalí es el emblema de los Miao que el Arquero (un guerrero) debe cazar.

Entre los griegos, uno de los trabajos de Hércules es cazar el jabalí Erymanthus. Además, el jabalí es responsable de muchas muertes: Adonis, Orfeo...

En el hinduismo, es en forma de jabalí como Vishnu consigue elevar la tierra por encima de las aguas.

En Japón, el jabalí se asocia al valor, incluso a la temeridad. A veces se representa al dios de la guerra Usa-Hachiman montado en un jabalí.

Ten cuidado de no confundir el jabalí con el cerdo. Mientras que el simbolismo del jabalí es noble, el del cerdo es vil. El cerdo es salvaje y simboliza la glotonería, el desenfreno, la lujuria y la brutalidad.

Sauce

▪ Planta / Superstición

En la mitología grecorromana, el sauce se asocia con la fertilidad frustrada y la esterilidad. Los dioses de los que el sauce es el emblema son infelices en el amor y no pueden transmitir su semilla

(Pan y Príape). El sauce se considera un árbol estéril y se asocia con Perséfone. Se dice que el extracto de semillas de sauce causa esterilidad a quienes lo beben.

En la mitología judeocristiana, el sauce es símbolo de virginidad.

Escarabajo

El escarabajo como símbolo es principalmente de origen egipcio. Representa el ciclo del sol que renace cada día tras su muerte. El amuleto del escarabajo se encuentra en las momias, donde simboliza el eterno retorno.

La bola que empuja lleva su semilla, de la que renacerá. Este simbolismo se encuentra entre los taoístas y en China.

Escorpio

El escorpión es un animal que simboliza la muerte y la traición. Pero también es el guardián, el sanador.

Para los mesopotámicos, simboliza la fertilidad.

Para los egipcios, es el símbolo de la diosa Selket, la diosa de la curación.

En Grecia, el escorpión era el instrumento de la venganza de Artemisa contra Orión.

Para los mayas, el escorpión es el dios de la caza.

En la tradición judeocristiana, el escorpión es una criatura del diablo y representa el odio y la traición. Esta imagen perduró hasta la Edad Media. Sin embargo, pronto se reconoció que el veneno del escorpión, transformado en aceite, era un poderoso remedio contra su picadura.

Signo del zodíaco, ocupa la mitad del otoño, cuando el viento arranca las hojas y los animales se preparan para una nueva existencia. Esta parte del cielo está asociada a los planetas Marte y Plutón, así como a sus respectivos dioses (dios de la guerra, como el escorpión, y dios del inframundo35).

Serpiente

El simbolismo de la serpiente es extremadamente rico y variado. En la mitología grecorromana, la serpiente es un animal de sabiduría y conocimiento. El caduceo de Hermes se compone de dos serpientes enrolladas alrededor de un bastón. La serpiente simboliza la fertilidad, la resurrección y la curación. Es el guardián de las tierras sagradas. Asociada a Hera, la serpiente se convierte en un poder del mal.
En el antiguo Egipto, a la mujer que intenta asesinar a su marido se la designa como víbora.
En la mitología judeocristiana, la serpiente es una encarnación del mal, el tentador que convenció a Eva de probar el fruto del conocimiento. Por esta acción, Adán y Eva son expulsados del Jardín del Edén.
En la mitología germano-escandinava, la serpiente de Midgard, hijo de Loki, rodea la tierra e impide que las aguas la cubran.
Para los alquimistas, la serpiente que se muerde la cola (Ouroboros) simboliza la eternidad.

Fresno de montaña

- **Sorbus aucuparia**
El serbal era celebrado por los druidas de Irlanda del mismo modo que los druidas de la Galia veneraban el roble. Se utiliza como protección contra hadas y brujas.
El serbal tiene varios nombres en inglés: Rowan tree, Mountain

Ash tree.

Solsticio y equinoccio

El solsticio de verano es el día más largo del año. El solsticio de invierno celebra el día más corto del año.
El equinoccio celebra el equilibrio perfecto entre el día y la noche. Se celebra en primavera y otoño.

Talismán

Un talismán es un objeto, una imagen, preparado ritualmente para conferirle una acción mágica o protectora. La persona que prepara el talismán debe tener en mente únicamente la tarea de dotarlo de todo el poder místico necesario.
A modo de ejemplo, he aquí la naturaleza del material que representa diversos elementos y su significado:
- Sol: oro (fabricado bajo la influencia del sol, es decir, durante el día) ? riqueza, honor, estima.
- Luna: plata (fabricada bajo la influencia de la luna, es decir, por la noche) ? protección contra las enfermedades y protección para los viajeros
- Marte: acero fino ? fuerza, vigor (invulnerabilidad)
- Júpiter: estaño puro - quita penas y terrores
- Venus : cobre pulido y purificado ? apaga el odio y da música
- Saturno : plomo refinado ? permite un parto sin dolor y multiplica las cosas con las que se pone
- Mercurio: azogue fijo - da ciencia y memoria y permite ver el futuro en sueños.

     Mitología para frikis

Tótem

El tótem es un animal o una planta considerado como antepasado y/o protector de una comunidad o de un individuo. También puede ser una representación de este animal.

Leyenda y fantasía

Alien

Alien es uno de los muchos nombres que reciben los extraterrestres. La palabra alien es de origen anglosajón y originalmente significa el otro, el extranjero.

Se refiere a personas que no proceden del mismo planeta que nosotros.

Otros nombres para los extraterrestres son marcianos, ya que durante mucho tiempo se creyó que el planeta Marte estaba habitado por habitantes (los hombrecillos verdes) y el nombre se ha mantenido para los individuos que no proceden de la Tierra; E.T. que es el nombre anglosajón de ExtraTerrestrial. También se pueden encontrar las siglas EBE de entidad biológica extraterrestre.

Banshee

Se la describe como una bonita sirvienta en Irlanda y como una vieja bruja en Escocia. En ambos casos lleva una prenda blanca. Tiene los ojos rojos de llorar.

Su aspecto y su papel varían de una leyenda a otra, pero siempre se la asocia con la muerte, ya sea como causa o como presagio.

La "benéfica" banshee llora por los familiares a los que está unida.

Bezoar

El bezoar es una piedra (congregación de minerales) que se encuentra en el interior del estómago de las cabras (y de los herbívoros en general). Es un ingrediente utilizado en magia y alquimia.

La palabra procede del árabe bazahr (y del persa padzahr) y significa piedra venenosa.

BELSNICKEL

El belsnickel es originario de Alemania. Es lo contrario de Papá Noel. Viene una o dos semanas antes que el famoso santo y exige saber los nombres de los niños que no se han portado bien.
La aparición de Belsnickel asusta a todos los niños. Es hosco, lleva ropa vieja y sucia. Lleva cuernos y se pasea con un palo para golpear a los niños revoltosos.

✦✦✦ GRINCH ✦✦✦

Un grinch es una persona que odia la Navidad y el espíritu navideño. El término procede del personaje creado por el Dr. Seuss. El Grinch odia la Navidad y hará cualquier cosa para estropeársela a los demás.

✦✦✦ KRAMPUS ✦✦✦

Krampus es una criatura cuya función es castigar a los niños malos, mientras que San Nicolás recompensa a los niños buenos.
A Krampus se le describe como una criatura mitad hombre, mitad cabra, con cuernos y caballos negros, que se pasea con un bastón con el que golpea a los niños malos antes de llevárselos al inframundo.
Su aspecto es muy similar al de los faunos y sátiros grecorromanos.
Se dice que Krampus es hijo de la diosa Hel.
El término krampus procede del alemán krampen y significa garra, garra.

✦✦✦ Padre Fouettard ✦✦✦

El hombre del saco es el compañero y opuesto de San Nicolás. Va vestido de negro, lleva un gran saco de yute (un pouque en Normandía, donde es el Père la Pouque) y una martineta en la mano. Mientras San Nicolás reparte regalos a los niños buenos, el Padre Fouettard golpea a los niños que no se han portado bien. El destino de los niños más traviesos es de lo más siniestro: el hombre del saco se los lleva. En algunas regiones, el hombre del saco reparte carbón a los niños que no se han portado bien.

✦✦✦ Black Petu / Zwarte Piet ✦✦✦

Este personaje acompaña a San Nicolás en las procesiones de los Países Bajos. Se le representa con la piel negra y vistiendo coloridas ropas renacentistas.

Originalmente, Zwarte Piet vive en España y viaja por tierra y mar hasta los Países Bajos para averiguar qué niños no son dignos. Mientras San Nicolás reparte caramelos a los niños buenos, Zwarte Piet captura a los niños malos y se los lleva con él a España, donde trabajan en las minas de carbón para toda la eternidad.

Más tarde, Zwarte Piet ya no captura a los niños malos, sino que les reparte carbón (como el hombre del saco).

✦✦✦ Padre Navidad ✦✦✦

Papá Noel es un personaje benévolo que reparte juguetes a los niños buenos en la noche del 24 al 25 de diciembre. Viaja en su trineo tirado por renos. Entra en las casas por la chimenea y coloca los regalos a los pies del árbol.

✦✦✦San Nicolás✦✦✦

San Nicolás es un obispo de Asia Menor (Myra en Licia). Es el patrón de los escolares y el protector de Lorena (Francia) y Rusia. Su culto está muy extendido (y vivo) en Grecia, Italia y el norte y centro de Europa.

Hace milagros y el más famoso está relacionado con los escolares. Un día, tres escolares pasean y se pierden. Al caer la noche, buscaron refugio en una carnicería. El carnicero les abre la puerta y, cuando están en su casa, se abalanza sobre ellos y los mata. Los corta en trozos y los pone en el salero. Pasan siete años. Un día, San Nicolás llama a la puerta del carnicero y le pide comer el pescado salado del salero. El carnicero se asusta y huye. San Nicolás entra en el salero y resucita a los tres niños.

Boggart

El boggart es un duende de Irlanda. De pequeño tamaño, pertenece a la especie Cluricaune y se le considera malvado, pero a veces puede ser de ayuda. A menudo se le presenta como un embaucador.

A veces se presenta como un cambiaformas.

El boggart suele estar unido a una familia concreta y le gusta molestarla.

El bocan, bogan, bauchan y buckawn son otros nombres del boggart.

Boogeyman

El hombre del saco es un ser maligno e inquietante.
Se utiliza principalmente para asustar a los niños y hacer que se comporten. La amenaza de ser secuestrado por el hombre del saco es muy aterradora.

Brownie

El brownie es un simpático duende originario de Escocia. Vive en las granjas o bodegas de la familia a la que está vinculada. Trabaja de noche para la familia y pide poco a cambio, un poco de leche. Si le criticas, se vengará volcando la leche de las vacas, arruinando las cosechas, rompiendo la vajilla.
El brownie a veces ayuda con el reparto de las mujeres de la casa.
El brownie, que significa hombrecito marrón, se representa con un gorro (o capucha) marrón.

Círculo de las cosechas

Los círculos de las cosechas son figuras geométricas que aparecen de la noche a la mañana en los campos de cereales. El término aprendido es crop circle.
Al principio de forma circular simple, estos agroglifos se han ido haciendo cada vez más complejos con el paso de los años.
Algunos creen que son la prueba de que los extraterrestres han venido a visitarnos. Para otros, son bromas de estudiantes de matemáticas. Los teóricos de la conspiración creen que son el resultado de experimentos militares.
De media, se producen entre doscientos y trescientos agroglifos

cada verano.

Changeling

Una antigua tradición celta cuenta que las hadas u otras criaturas malignas cambian a los recién nacidos por otros, a menudo los suyos propios. Los padres no pueden verlo porque el niño sustituido tiene la misma apariencia que su hijo.
A veces, el niño humano es devuelto a sus padres una vez finalizada su educación. Pero estos niños, que han aprendido la magia de las hadas, no entienden este mundo.

Crocotta

La crocotta es originaria de Etiopía, pero también se encuentra en la India.
La crocotta nació de la unión de un perro y un lobo o de un león y una hiena. Se sabe que tiene una mandíbula muy poderosa, capaz de aplastar cualquier cosa.
La crocotta tiene la capacidad de imitar el habla humana y el grito del ganado. Esto le permite atraer a su presa para que caiga en su habitación y sea devorada.

Dama blanca

Las Dames Blanches proceden principalmente de Francia, aunque a veces se las asocie con las banshees inglesas. Son las lavanderas bretonas.
Estas mujeres vestidas de blanco, que pueden verse por la noche,

   Mitología para frikis

tienen varios significados según la región de la que procedan.
Como un presagio, la dama blanca aparece al borde del camino
para advertir de un peligro de muerte.

La dama blanca se encuentra sobre todo en prados y bosques,
pero se las puede ver en los establos por las gotas de cera en la
paja y las trenzas en las crines de los caballos.

Las lavanderas lavan la ropa por la noche y piden a los transeúntes
que les ayuden a escurrirla. Si no les ayudas, retuercen la colada
lo suficiente como para romperte los huesos de los brazos.

En Alemania, la dama blanca se aparece a los señores en bodas y
nacimientos. Si va vestida de negro, significa que un miembro de
la familia señorial va a morir.

Imps

Los diablillos son seres malignos, siervos del diablo, represen-
tados a su imagen. Tienen la piel roja, alas de murciélago, cola
bífida y cuernos en la cabeza. Suelen ser de pequeño tamaño.

Los diablillos son lacayos del diablo en el infierno y atormentan
a los humanos en la tierra.

Dixie / Pixie

Los duendecillos son criaturas parecidas a las hadas del folclore
inglés. Estas criaturas rondan colinas, ríos y bosquecillos. Les
gusta llevar por mal camino a los viajeros solitarios.

El duendecillo parece un hombrecillo seco con traje verde que
golpea el grano mientras monta a caballo.

En Somerset es robusto y terrenal, mientras que en Devon es
frágil, blanco y desnudo.

Dragón

El dragón es una criatura legendaria que se encuentra en muchas partes del mundo. Se representa como una gran serpiente alada y tiene la capacidad de respirar fuego.

En Europa, el dragón está presente en la leyenda artúrica, pero también en la historia de los santos, donde representa al diablo al que hay que combatir y vencer.

El dragón está muy presente en la tradición galesa, cuyo emblema es el dragón rojo.

El dragón está presente en muchas leyendas francesas. El dragón de Niort asolaba la región cuando un soldado consiguió matarlo clavándole su daga en la garganta, pero murió por la mordedura del monstruo.

Para Chateaubriand, los insectos que se ven al microscopio son dragones que han disminuido de tamaño a medida que disminuían sus recursos energéticos.

En Cracovia (Polonia), un dragón vivía en una cueva bajo el castillo que domina el Vístula. Todos los días salía y asolaba el campo para devorar a la gente. El príncipe tuvo la idea de rellenar un cordero con azufre y ofrecerlo como sacrificio al dragón. El dragón salió de su cueva y devoró al cordero. Pero el azufre, mezclado con el fuego de su garganta, dio tanta sed al dragón que se bebió todo el río sin saciar su sed. Bebió tanto que explotó (a veces se dice que el rey ofreció a su hija en matrimonio a quien pudiera matar al dragón, y que un joven zapatero montó esta estratagema y se casó con la princesa).

En Oriente, hay que comer el corazón o el hígado de un dragón para convertirse en brujo o adivino.

El dragón es una criatura divina para los chinos. El dragón es el guardián de todos los bienes de la tierra y vive en la cima de la montaña. Dispensa lluvia y truenos a voluntad. Los chinos consideran al dragón el principio de su felicidad.

Como especie extinguida, el dragón bien podría representar a los dinosaurios.

Duende

Los elfos son los genios escandinavos. Tienen apariencia humana y distintos nombres según su aspecto. Los elfos de la luz (elf) son muy hermosos y viven en Alf-Heim, el palacio del cielo. Los elfos oscuros (swart elf) son feos y viven en las entrañas de la tierra. Algunas personas asocian a los elfos oscuros con los enanos.

Oberón, el rey de los elfos, vive en una isla del norte del mar Báltico. Gobierna las islas de su reino y viaja en un carro con cuatro sementales negros.

El rey tiene un gran ejército a sus órdenes, cuyos soldados se ponen la armadura por la noche y se mueven libremente. De día, los grandes robles salpican la isla.

En el folclore británico, los elfos son criaturas fantásticas con alas. Los duendes proceden del folclore irlandés.

Son "duendes" guardianes del oro y sus tesoros se encuentran al pie del arco iris.

A veces se confunde al duende con el cluricaune (un ser de hadas que fuma, bebe y vive en sótanos) o con el far darrig (un duende travieso que tiene la capacidad de parecer más grande de lo que realmente es).

Hada

- **Mitología grecorromana**

El origen de la palabra hada procede del latín fata / fatum, Destino, Fatalidad.

Originalmente, las hadas eran las tres Moires (Parques para los romanos) que vigilaban el curso de la vida humana: Clotho hila, Lachesis dispensa y Atropos corta el hilo de la vida.

- **Mitología francesa**

El hada es una criatura femenina con poderes sobrenaturales.

Son las antiguas deidades de la naturaleza. Pueden ser mensajeros divinos.

Las hadas reciben varios nombres según su origen geográfico: Fada (Provenza), Fade (Gascuña), Fadet, Farfadet y Fée (la mayoría de las regiones francesas).

Las hadas son a veces buenas, a veces malas, como los genios.

- **MITOLOGÍA CELTA Y ARTÚRICA**

Las hadas irlandesas son las Banshees y también tienen el papel de mensajeras. Las hadas viven en sids, que pueden tener forma de montículo, colina o megalito.

Actúan como enlace en la mayoría de los mitos en los que aparecen; son las damiselas de la mitología artúrica.

- **UNIVERSO FANTÁSTICO**

Cada vez que alguien dice que no cree en las hadas, muere un hada en el mundo (Peter Pan).

El hada está presente en el universo fantástico, a menudo en su forma benéfica (se la llamará bruja en su forma maléfica).

Gnomo

Los gnomos pertenecen a la familia de los enanos y tienen la particularidad de custodiar tesoros, minas y gemas.

Los gnomos viven en las entrañas de la tierra. Son seres civilizados, organizados en sociedades y ciudades.

Se dice que los ruidos que se oyen cerca de ciertas islas cuando no hay nadie son la manifestación de las fiestas de los gnomos.

Goblin

En la mitología celta, los duendes son seres grotescos y malévolos. Derivan del alemán kobolt y del francés gobelin.

En Francia, el duende es una criatura familiar que vive en la parte trasera de las casas. Están bien alimentados porque traen grano robado de otros graneros. Se dice que la fábrica de gobelinos de París toma su nombre de estos seres que enseñaron el arte de los colores vivos. En Normandía, el duende es un buen genio del campo al que no hay que ofender.

Cuando un duende se irrita, entra en la casa de un campesino y cambia al niño por el de un rey.

Ghoul

El ghoul es una especie de vampiro (hembra) que seduce a los hombres. Suele frecuentar los cementerios.

El demonio se alimenta tanto de hombres vivos como muertos. Algunas tienen la capacidad de transformarse en una joven bonita para atraer a los hombres y convertirlos en su comida.

Hydra

La hidra es una criatura fantástica emparentada con los dragones. Su particularidad es que tiene varias cabezas y cuando se corta una, crecen dos en su lugar. Sólo cauterizando las heridas dejan de crecer las cabezas. Esto es lo que hizo Hércules para derrotar a la Hidra de Lerna en una de sus obras.

Kraken

El kraken es un animal gigantesco originario de Noruega. Cuando sube a la superficie, los marineros pueden confundirla con una isla. De su espalda sobresalen muchas púas, son sus brazos. Si sus brazos se enganchan a las cuerdas de un barco, seguro que se hunde.

Se dice que sólo hay dos krakens en tierra (o más bien bajo el agua) y que sus movimientos son muy lentos para retrasar el momento en que se encuentren porque sus descendientes invadirán el mundo.

✦✦✦El Holandés Errante✦✦✦

El Holandés Errante fue uno de los barcos más bellos y rápidos del siglo XVII. Recorría los océanos entre Europa y Occidente para comerciar. El capitán Vanderdeken era el único capitán a bordo. Era un hombre despiadado, cruel y poco paciente, pero un marino experimentado.

En 1666, el Holandés Errante navegó a lo largo de la costa africana, pero el viento era tan escaso que el barco tenía dificultades para avanzar. Los marineros se aburrían y jugaban a los dados cuando no estaban luchando. El capitán Vanderdeken sintió aumentar su furia al ver desaparecer todas sus ganancias en este retraso. Pronto el barco quedó tan rezagado que el agua se estaba secando y la comida se estaba acabando. El capitán Vanderdeken no veía la forma de encontrar una buena corriente y el escorbuto se instaló con su cuota de muerte.

Cuando el barco pasó cerca de un puerto, los marineros rogaron al capitán que parara a por agua y fruta. El capitán, al que sólo le interesaba el dinero y era indiferente a la suerte de su tripulación, se negó y tomó medidas para impedir cualquier intento de motín.

Sólo quedaba un pequeño número de marineros cuando final-

 Mitología para frikis

mente llegaron al Cabo de las Tormentas37 . Pero el océano seguía en calma cuando el viento dejó de soplar por completo. Furioso, el capitán Vanderdeken saltó con el puño al cielo: "Maldito seas Dios y por favor Satanás que el viento se levante, le dejo mi alma". Inmediatamente el viento se levantó y permitió al Holandés Errante hacer una buena carrera. El capitán agradeció esta ayuda milagrosa y lamentó no haberla pedido antes. Pero el viento aumentó tanto que la tormenta se rompió. La mitad de los marineros restantes fueron arrastrados por una ola. Entonces apareció una figura alta y pidió al capitán que reanudara su blasfemia. Sin miedo a nada ni a nadie, el capitán amartilló su pistola y disparó contra la figura. La pistola estalló en sus manos y la tormenta se convirtió en huracán. Para no ser arrastrado y poder maniobrar, el capitán se hizo atar al mástil principal del barco. Así ha sido durante más de 350 años.

Se dice que en las noches de tormenta, un viejo marinero vestido con harapos y un tricornio recorre las tabernas del Cabo de Buena Esperanza y reta a los marineros a una partida de ajedrez. Siempre se lleva los negros y nunca pierde. Nunca se ha vuelto a ver a los marineros que se enfrentaron a este extraño adversario. El capitán Vanderdeken completa así su tripulación fantasmal. Cuenta la leyenda que un viejo barco de tres mástiles con las velas rojas hechas jirones puede verse en las noches de tormenta en torno al Cabo de Buena Esperanza.

✦✦✦Reunión en Samarra

Un mercader de Bagdad envía a su criado al bazar y el hombre vuelve blanco de miedo :
- Maestro, maestro, mientras estaba fuera del bazar, me encontré con una mujer.
Una mujer que me miraba con extrañeza. Cuando miré la miré más de cerca, ¡me di cuenta de que era la Muerte! Maestro, por favor por favor, préstame un caballo para que pueda escapar a

Samarra, lejos de Bagdad, ¡para poner la mayor distancia entre la Muerte y yo!

El mercader le prestó su mejor caballo. El criado saltó en la silla de montar y partió al galope.

Por la tarde, el mercader fue al bazar y encontró la muerte a su vez, Muerte. Le dijo:

- ¿Por qué has mirado a mi criado tan amenazadoramente esta mañana? a mi criado esta mañana? Estaba aterrorizado.

- No quería asustarle, pero me quedé muy sorprendido cuando Lo vi verle aquí en Bagdad", respondió la Muerte.

- ¿Por qué no debería estar aquí? Es Bagdad donde siempre ha reside ...

- Si me ha sorprendido verle en Bagdad esta mañana, es sólo porque tengo una cita con él. ¡porque tengo una cita con él en Samarra esta noche!

La gente pequeña

La gente pequeña es el nombre que reciben las hadas, los gnomos, los duendes y otras criaturas. A diferencia de otras criaturas del mismo folclore (ogro y troll, por ejemplo), son criaturas bastante buenas a las que les gusta gastar bromas a los humanos.

Leviatán

Leviatán es, para algunos, un demonio llamado el gran mentiroso. Le gusta especialmente poseer a los hombres y enseñarles a mentir. Es muy difícil de exorcizar.

Leviatán es también el nombre que los rabinos dan al pez que servirá de alimento al Mesías. Este pez es tan monstruoso que todas las aguas descansan sobre su lomo. Dios creó dos de ellos al principio, pero se dio cuenta del tamaño de este animal y para que no ensuciaran la tierra, mató a la hembra y la saló para la comida del Mesías venidero.

Unicornio

El unicornio es un animal fantástico, con cuerpo y cabeza de caballo (a veces de cierva) y un solo cuerno en medio de la frente. El unicornio es de origen indio, pero su imagen se adoptó rápidamente en el mundo grecorromano. Sólo bajo el aire judeocristiano adquirió el unicornio el símbolo de la pureza y la castidad. Se dice que para atrapar un unicornio, una joven debe estar sola en el bosque y el unicornio vendrá y se echará a sus pies. Si la chica es perfectamente pura, el unicornio se dormirá en su regazo. Sin embargo, si la chica oculta algún secreto, será ensartada por el cuerno del unicornio, que no soporta el engaño.
Como animal fabuloso, el unicornio es un animal de gran poder y pureza. No puede mantenerse en cautividad porque muere de desesperación muy rápidamente.
Se dice que su cuerno tiene poderosas propiedades mágicas. Protege contra los encantamientos y es un poderoso detective y antídoto contra los venenos.
El término unicornio (francés) procede del griego monoceros, que dio unicornis en latín.

Lilliputian

Los liliputienses son criaturas imaginarias de la novela de Jonathan Swift Viajes de Gilliver (1721).
Son los habitantes de la isla de Liliput. Son personajes extremadamente pequeños, más que enanos. Logran capturar a Gulliver

con engaños.

Hombre lobo (Licántropo)

Un hombre lobo es un hombre (o una mujer) con la capacidad de transformarse en lobo. Es una transformación voluntaria si el hombre ha hecho un pacto con el diablo.

Pero el hombre lobo también puede ser un hombre cuya naturaleza ha cambiado por la mordedura de otro hombre lobo. Popularmente, un hombre se convierte en lobo las noches de luna llena (así como la noche anterior y la posterior).

El hombre lobo suele ser un ser terrorífico y maligno.

Algunos hombres lobo se convirtieron en hombres lobo mediante un pacto con el diablo.

Algunas historias los convierten en los enemigos naturales de los vampiros.

El hombre lobo está presente en muchos folclores.

En Francia, la historia más famosa procede de Auvernia. Una noche, un señor vio a un amigo cazador que iba a cazar al bosque. Le pidió que le trajera el botín de su cacería y el cazador accedió. Cuando entró en el bosque, fue atacado por un lobo. El lobo estuvo a punto de devorarlo, pero el cazador consiguió cortarle la pata delantera derecha y el lobo huyó. El cazador recogió la pata, la metió en su bolsa y volvió con su amigo. Le contó al señor su aventura y, cuando sacó la pata de la bolsa, se había convertido en una mano y un antebrazo de mujer con un anillo de oro. El señor reconoció el anillo como el de su esposa y fue a buscarla. Estaba frente a la chimenea y llevaba el brazo oculto en el delantal. Cuando le presentó el brazo, la mujer confesó que era un hombre lobo. El señor la llevó ante la justicia y fue quemada por brujería.

 Mitología para frikis

Maldición

Una maldición es un hechizo hostil, que trae desgracia y mala suerte a la persona maldecida. La persona queda entonces maldita.
Suele ser un castigo que sufre una persona por ofender a un poder superior (deidad o ser humano con poder).
La maldición puede aplicarse a una sola persona o a todo un linaje o pueblo. En este caso, suele haber una penitencia que cumplir para levantar la maldición.

Mantícora

La mantícora es una criatura fantástica de origen persa. La mantícora tiene cuerpo de león, cabeza humana y cola de escorpión. Es una criatura devoradora de hombres. Cuando aparece en el mundo fantástico, siempre es una criatura a la que hay que combatir.

Monstruo del Lago Ness

El lago Ness es un lago escocés de aguas muy turbias. Tiene 35 kilómetros de largo y más de 300 metros de profundidad. Hay muchos relatos de visiones breves de esta criatura. El monstruo del lago Ness (llamado Nessie) nunca ha sido visto en su totalidad. Lo único que se ve de él es su espalda rozando la superficie del lago. Algunos han visto su cabeza emergiendo del agua al final de un largo cuello.

Aunque la mayoría de los relatos datan del siglo XIX, los más antiguos datan del siglo XVI.

Mylings

El myling procede de la mitología germano-escandinava.
Un myling es un tipo especial de fantasma. Son los fantasmas de niños que han muerto, principalmente de infanticidio, y que no han tenido una tumba adecuada. Tienen la capacidad de adoptar forma humana y pedir a los transeúntes que los lleven al cementerio. Una vez que el myling está a lomos del viajero, se alimenta de la energía vital de su inocente víctima, que, exhausta, muere.

Nachzehrer

- **Mitología y leyendas germánicas**

El nachzehrer es un tipo especial de vampiro. Tan sanguinario como un vampiro corriente, carece de la fuerza y la coordinación necesarias para atrapar a su presa.
Cuando consigue, trabajosamente, salir de su tumba, tiene que conformarse con las sobras de otros depredadores nocturnos para alimentarse.
Tras nueve años saliendo de su tumba y volviendo cada noche, el nachzehrer encuentra por fin la paz y descansa eternamente en su tumba.

Enano

El enano, como criatura fantástica, está presente tanto entre los escandinavos como entre los griegos.

Para los escandinavos, los enanos son hijos del gigante Ime, cuyas partes del cuerpo utilizaron Odín y sus hermanos para crear el mundo y todo lo demás. Habitan entre la tierra y las rocas, por lo que a menudo se les representa en las minas o en las montañas.

Para los griegos, los enanos se llaman pigmeos y son los enemigos de las grullas. Cada invierno, los pigmeos se reúnen en los campos y luchan contra las grullas para impedir que lleguen a su país.

Los enanos también aparecen en la literatura. Son los liliputienses con los que se encuentra Gulliver. Cyrano de Bergerac, por su parte, se encuentra con enanos no más altos que su pulgar durante su Viaje al Sol.

Tener un enano (o un loco) en la corte era el lujo de los más ricos.

Oberon

Oberón es el rey de los elfos, las hadas y los fantasmas del aire. Con su esposa Titania, viajan de noche a Inglaterra y Francia, donde bailan a la luz de la luna.

Ogro

El ogro es un ser cercano a un gigante. Suele vivir en el bosque (lugar de todos los peligros) y representa una amenaza, sobre todo para los niños a los que le gusta devorar.

Phoenix

- **Mitología :**

El Fénix es un animal fantástico, un ave hermosa y fabulosa de plumaje rojo y dorado.

Se dice que es inmortal porque cuando alcanza una edad avanzada, se quema y renace de sus cenizas.

En el antiguo Egipto, la garza real volvía al Nilo cada vez que salía el sol y se posaba en el río, vestida de oro y rojo. El Fénix se convirtió entonces en un símbolo de Ra.

El ave fénix también está presente en la mitología grecorromana, luego es retomada por la mitología cristiana como símbolo de Cristo.

- **Criaturas fantásticas :**

El fénix es una criatura que aparece a veces en el universo fantástico, casi siempre en su forma grecorromana (especialmente popularizada desde Harry Potter).

Parca

Reaper para los ingleses es La Faucheuse o la Camarde en Francia.

Es la personificación de la muerte que se lleva el alma cuando llega el momento.

El Ankou es el antepasado del Segador.

Este personaje no es ni bueno ni malo, acompaña a las personas después de su muerte hasta su última morada.

Este personaje está presente en muchos folclores y mitologías.

Revenant

Un revenant es una persona que ha muerto y ha vuelto a la vida.
Lo único seguro de estos seres es que son fríos al tacto.
Pueden asociarse a vampiros o fantasmas.

Rougarou

El rougarou es un licántropo que se encuentra en las regiones francófonas de América. Es un ser derivado del hombre lobo. Algunas leyendas le atribuyen características del wendigo, en particular el canibalismo.

Cambiaformas / metamorfo / metamorfomorfo

La capacidad de cambiar de apariencia está presente en muchos folclores. Esta característica se asocia a dioses, héroes y criaturas fantásticas.
Las brujas tienen la capacidad de transformarse a sí mismas o a otros para vengarse.

Sirena

La sirena suele representarse en su forma femenina, mitad mujer, mitad pez, que vive en el mar. Los marineros la temen, mientras que a los marineros de agua dulce les fascina.

Puede ser benéfica y protagonista de la acción (por ejemplo, La Sirenita) o maléfica (como las sirenas que encuentra Ulises en su viaje).

No es raro que una sirena se enamore de un hombre y se lo lleve a vivir a su palacio bajo el mar.

- **Mitología**

Véase el capítulo dedicado.

Bruja

Las brujas son mujeres que practican la magia, hacen pociones en calderos y lanzan hechizos (a veces con un gorro mágico). A veces viajan en escobas voladoras y también pueden transformar seres o a sí mismos. A menudo se les teme, pero siempre se les respeta. Pueden ser tanto beneficiosas (practicando magia blanca) como maléficas (practicando magia negra).

A menudo ocurre que una bruja que practica la magia blanca se pasa al bando del mal tras un suceso trágico.

La bruja aparece regularmente en el mundo fantástico, ya sea como heroína, ayudante o enemiga.

- **Mitología**

Véase el capítulo dedicado.

Spriggan

Los Spriggans son los fantasmas de los viejos gigantes. Son tan viejos que se han encogido, pero pueden cambiar de aspecto.
Se encuentran cerca de antiguos túmulos y cromlechs. Pueden provocar tormentas, destruir edificios y cosechas.

Sprite

Los sprites son criaturas parecidas a las hadas. Los machos se llaman sprites y las hembras, ninfas. Los duendes del agua se llaman náyades.
Son deidades secundarias que están vinculadas al elemento al que pertenecen.

Squaven / Skaven

Los Skaven son criaturas del universo Warhammer. Son hombres rata, de no más de 1m20 de altura, resultado de una mutación causada en la antigüedad. Es mordisqueando la piedra que las ratas mutaron para convertirse en Skaven. Sólo tienen un dios, la Rata Cornuda, y están esperando a que declare la guerra a las demás razas (enanos, elfos, orcos y humanos) y se haga así con el control de la superficie.

Troll

El trol procede del folclore de los países nórdicos. Originalmente, los trolls son una raza especial de gigantes, a los que Thor dedica su tiempo cazando.

Los gnomos están familiarizados con el Otro Mundo y mantienen una buena relación con él.

En la Edad Media, el trol era un ser maligno, situado entre los gigantes y los hombres. Entonces fue demonizado por el cristianismo.

Más tarde, el gnomo se convirtió en un ser parecido a las hadas, cercano a los gnomos, más malicioso que malvado.

El trol es un ser que se encuentra regularmente en el universo fantástico, a menudo como enemigo a batir.

Vampiro

La forma tradicional del vampiro es la popularizada por Bram Stoker, a través de su novela Drácula. El Conde Drácula era un personaje sanguinario en vida que se convierte en vampiro al morir. El vampiro es a menudo seductor, ejerciendo una atracción particular ligada a los peligros de la noche. Antes de que un vampiro pueda entrar en una vivienda, debe ser invitado por uno de sus ocupantes.

El vampiro aparece con regularidad en el mundo fantástico, casi siempre en su forma judeocristiana, ya sea como héroe o como enemigo.

- **Mitología**

Véase el capítulo dedicado

Yeti / Bigfoot

El yeti, también conocido como el abominable hombre de las nieves, vive en las cumbres del Himalaya. Muchas personas afirman haber visto una criatura peluda de gran tamaño (más de dos metros) que se desplazaba sobre dos patas y huía sobre las cuatro. El yeti sólo parece salir de su guarida cuando el campo de visión del hombre se reduce: durante las tormentas de nieve o la niebla. El bigfoot es el equivalente al yeti, salvo que vive en el bosque. Hay muchos testimonios de sus huellas en el barro.
Los amerindios lo llaman sasquatch.

Zombie

Los zombis son muertos vivientes, es decir, personas fallecidas que han "vuelto" a la vida. Un brujo (tradicionalmente vudú) o nigromante anima el cadáver con un hechizo. Así, los muertos cobran vida en el sentido de que pueden realizar acciones, pero siguen muertos porque no tienen conciencia. El zombi es esclavo del hechicero que lo animó.

La bestía de Gévaudan

- **Los hechos:**

Gévaudan es una antigua región de Auvernia. Entre junio de 1764 y junio de 1767, hubo entre 90 y 150 víctimas de ataques de bestias. Las víctimas eran adolescentes (chicos y chicas) y mujeres. La prensa se hizo eco de la historia e hizo tanto ruido que el rey se vio obligado a enviar a sus mejores cazadores de lobos. Un primer lobo fue abatido en septiembre de 1765 en la abadía real de Les Chazes por François Antoine, arcabucero del rey. Un segundo lobo fue abatido en junio de 1767 por Jean Chastel, un muchacho de la localidad.

- **Rumores:**

Hay muchos rumores sobre estos hechos históricos. La naturaleza de la bestia como tal. Se describe como más grande que un lobo. Se ha especulado con que podría tratarse de un lobo especialmente grande, un león, un hombre lobo o un can adiestrado para matar. ¿O un asesino en serie? No se descarta la participación humana, ya que algunas de las víctimas fueron encontradas desnudas y enterradas.

Según la tradición, el animal matado por Chastel era efectivamente la Bestia de Gévaudan porque, después de esta fecha, no se le atribuyeron más muertes.

Idioma

- **ALFA - ?**

Primera letra del alfabeto griego, representa el principio, el comienzo.

También puede representar superioridad: el macho dominante es el alfa de la manada.

- **AVATARES**

Literalmente, avatara significa "descenso a la tierra" de una deidad.

Existen varias definiciones para esta palabra:

- cada una de las encarnaciones de Vishnu en la religión hindú (suele haber 10 avatares)

- suceso desafortunado, accidente, contratiempo

- cambio, transformación

- en informática, es el personaje virtual que el usuario (de un ordenador) elige para que le represente en el mundo virtual.

- **AVILUS**

Avilus / Avilis degradar: rebajar a alguien hasta el desprecio, hacerle perder su dignidad, su valor; sinónimo de degradar, deshonrar.

- **BETA - ?**

Beta (? en minúsculas y B en mayúsculas) es la segunda letra del alfabeto griego.

- **PORTADORES / PRECURSORES**

Los portadores o heraldos son los mensajeros.

- **CRONE**

Crone significa "mujer reloj" en inglés.

- **CULTIS**

Cultis en latín dio culto (en francés).

- **DRAKE**

En Noruega, un drake es un dragón.

En inglés, drake puede significar tanto un pato (macho) como un dragonet.

(La palabra pato se utiliza normalmente para designar a un pato. El término drake se reserva para el dragonet. El dragón tiene el mismo nombre en francés y en inglés).

- **Destino**

Es el futuro predestinado de alguien o algo, inevitable, a menudo orquestado por un poder superior.

El destino puede ser beneficioso, en cuyo caso es buena suerte, o perjudicial, en cuyo caso es fatalidad.

- **Doppelgänger**

Deppelgänger en alemán significa doppelgänger en francés.

- **Ferula gemina**

Ferula (latín) es la férula, es una planta. Gemina en latín es duplicación, o se refiere a gemelos (en la forma de gemini/geminus).

- **Glorificus**

Glorificus en latín significa glorioso.

- **Gragnard / Grognard**

En francés, un grognard es un soldado de la Vieja Guardia de Napoleón. Este término ha dado origen al término soldado viejo en general en la literatura.

- **Hag**

Hag significa "reloj de bruja" en inglés.

- **Libris**

Libris en latín significa libros.

El ex libris, inscrito en un libro, designa al propietario del mismo (utilizado principalmente por bibliófilos).

- **Moskva**

Moskva en ruso significa la ciudad de Moscú, capital de Rusia.

- **Pulpo / Octopus**

Los pulpos son moluscos con ocho brazos. Se les conoce comúnmente como pulpos.

- **Omega - ?**

Última letra del alfabeto griego, representa el fin, la destrucción.

- **Perganum**

Pérgamo se refiere a la ciudad de Pérgamo

- **Purah / Pura**

En balinés, Pura se refiere a los templos budistas e hindúes.

- **Septo**

Septus / Seaptus / Seapta (latín): se refiere a una gran plaza cer-

Mitología para frikis

rada por una muralla (originalmente un lugar donde la gente se reunía para votar, vender, comprar...).

- **BRILLANTE**

En inglés, shining es un adjetivo que puede traducirse como brillante, radiante.

En el folclore, una persona con brillo tiene poderes psíquicos, puede ver el pasado o el futuro.

- **SIRENA**

En inglés, una sirena es una femme fatale.

La criatura fantástica es la sirena.

El término sirena también se utiliza para describir el sonido de la sirena.

- **SLUGGHOS**

Slug en inglés es babosa.

- **TABULA RASA**

Tabula rasa es la expresión latina para hacer borrón y cuenta nueva, es decir, olvidar el pasado y empezar de nuevo.

- **TAUMAGÉNESIS**

Thauma en griego es una maravilla, un asombro. Génesis, de genesis, significa creación. La taumagénesis es la creación de maravillas.

- **ARLEQUÍN**

Un embaucador.

El término también se aplica a las personas a las que les gusta gastar bromas a los demás.

- **VALIOS**

Valios, de valeo / validus, en latín significa fuerza, poder.

- **VERITAS**

En latín, significa verdad, realidad. Veritas representa, además de la verdad, la exactitud, la franqueza, la sinceridad, la lealtad, la rectitud y la buena fe. Es lo contrario de mentir (mendacium).

Historia y geografía

Amalfi

Ciudad italiana situada en el golfo de Salerno. La ciudad está construida en un anfiteatro sobre el mar. Mantiene numerosos intercambios con el Imperio Bizantino. Es un importante puerto del Mediterráneo y se incorporó al Reino de Sicilia en 1131.

Bahía Botánica /Botany Bay

- **Historia / Geografía:**
Este es el lugar donde los británicos desembarcaron por primera vez en Australia, donde abundaba la flora.
Australia se convirtió en colonia penal de Inglaterra en el siglo XVIII (deportación de convictos a la colonia penal).

Brutus

- **Historia: Lucio Junio Bruto**
(siglo VI a.C.)
Héroe romano semilegendario.
Expulsó a los tarquinos de Roma y fundó la república (509 a.C.).
- **Historia: Marco Junio Bruto**
(85 a 42 a.C.)
Bruto era el yerno de Julio César. Participó en la conspiración contra César y cuenta la leyenda que le apuñaló por la espalda (44 a.C.).
Derrotado por Octavio y Antonio en Macedonia, se suicidó.

Bruncvik (Caballero)

El príncipe Bruncvik es un legendario caballero de Praga. Este caballero es el protector del Puente de Carlos. Su estatua, a diferencia de las demás estatuas del puente, se encuentra debajo de éste.

Bruncvik se embarcó en una aventura alrededor del mundo para encontrar un león vivo que poner en su escudo de armas. Durante sus viajes recibió una espada mágica capaz de cortar por sí sola las cabezas de los enemigos.

Se dice que esta espada se guardó en el Puente de Carlos para servir a San Wenceslao y a sus caballeros del monte Blanik cuando llegaron a Praga para ayudar a la nación checa en su peor momento.

Cartago

Cartago es una antigua ciudad situada en Túnez, en la costa oriental del golfo de Túnez. Fundada por los fenicios de Tiro, se emancipó poco a poco hasta convertirse en una de las grandes potencias sobre las aguas del Mediterráneo durante ocho siglos. Inicialmente aliada de los etruscos (Roma) contra los griegos, a los que consiguió derrotar, Roma se sintió amenazada por Cartago, que poseía territorios en los mares y tierras ibéricas y africanas. Sólo después de cien años y tres guerras consiguió Roma derrotar a Cartago.

Keystone

- **Arquitectura :**

Piedra en forma de cuña que, colocada en la parte superior de un arco o bóveda, mantiene unidas las demás piedras.

La clave de bóveda también puede designar a un hombre o una cosa que permite el mantenimiento, la cohesión del conjunto.

Cleopatra

- **Historia :**

Nombre de siete reinas egipcias, la más famosa de las cuales fue Cleopatra VII

Cleopatra VII (69 a 30 a.C.)

Cleopatra es famosa por su belleza e inteligencia, así como por sus relaciones amorosas con los hombres poderosos de la época (César y luego Antonio), que le permitieron salvar su trono.

Antonio, derrotado por Octavio en Actium (31 a.C.), huyó con él a Egipto, donde se suicidaron: ella se envenenó (o fue mordida deliberadamente) por un áspid.

Dakara

- **Historia**

Es probable que el nombre Dakara tenga su origen en La Maison des Esclaves, situada cerca de Dakar, en Senegal.

Glastonbury

- **Historia/Mitología**

Se dice que fue en esta ciudad donde José de Arimatea trajo el Santo Grial para confiarlo al cuidado de Avalon. Se dice que en este lugar plantó su bastón, del que brota un espino. Se dice que está enterrado allí.

En 1190 (aproximadamente) se descubrieron allí los restos de Arturo y Ginebra, de ahí la posible asociación entre Glastonbury y Avalon (Glastonbury significa "Ciudad y cementerio de cristal"). El origen de la abadía está vinculado a Arturo. En efecto, Arturo adoraba al caballero Yder y lo envió a luchar contra tres gigantes malvados. Yder lo consiguió, pero Arturo, creyéndolo muerto, lo dejó allí para que muriera. Cuando Arturo se enteró de su error, estableció a veinticuatro monjes en Glastonbury y les pidió que rezaran permanentemente por el alma del caballero.

Illyria / Illyria

Iliria es una región montañosa situada en la costa oriental y septentrional del mar Adriático.

Julius - Julia

- **Historia**

Nombre de una familia romana a la que pertenecía Julio César (Cayo Julio César, 101 a 44 a.C.).
Esta familia afirmaba descender de Iule, hijo de Eneas (por tanto de Venus/Afrodita).

Korolev

- **Historia**

Sergei Pavlovich Korolev (1907 - 1966)
Astronauta ruso, pionero de la conquista espacial.

Lantian / Latona / Antiguo

- **Historia / Arqueología**

El Hombre de Lantian, de 600.000 años de antigüedad, es el hominido más antiguo hallado en China. Pertenece a la especie Homo erectus.

- **Mitología grecorromana**

Cf. Latona

Ma'chello - Maquiavelo

- **Idioma**

El nombre de Ma'chello parece venir de maquiavélico en el sentido de que sus inventos para destruir a los Goa'uld son maquiavélicos.

Definición de maquiavélico: digno de un maquiavélico; cuya habilidad traicionera es la de un maquiavélico.

Definición de maquiavélico: Persona que tiene poco en cuenta la moralidad en los medios que utiliza para conseguir su fin, especialmente en política.

Nerón - Nervs

- **Historia**

Nació con 37 años y murió con 68.

Hijo de Agripina la Joven, fue adoptado por el emperador Claudio cuando su madre se casó con él. Se convirtió en emperador en el 54. El comienzo de su reinado fue bien y luego mandó matar a quienes podrían haber desafiado su poder (su cuñado, su madre, su esposa, por nombrar sólo a algunos).

Acusado de haber provocado el incendio de Roma, culpó a los cristianos, a los que comenzó a perseguir.

En el 68, los pretorianos declararon emperador a Galba, Nerón abandonó Roma y a punto de ser capturado pidió a uno de sus seguidores que lo matara.

Petra

Petra es una antigua ciudad de Arabia, al sur del Mar Muerto. Fue la capital de los nabateos desde el siglo IX a.C.

Lo que hoy queda de la ciudad son sus tumbas rupestres, cuyas fachadas atestiguan influencias romanas y helenísticas.

Rowena

Rowena es el nombre de la hija (o esposa) de Hengist, un sajón que invadió Gran Bretaña (Inglaterra) en el siglo V. Hengist es un héroe legendario relacionado con la leyenda artúrica.

STONEHENGE

■ **HISTORIA / GEOGRAFÍA**

Yacimiento prehistórico del sur de Inglaterra, al norte de Salisbury. Su gran cromlech es probablemente un antiguo santuario de un dios solar.

SVEAR

Svear es la región histórica de Noruega. También es el nombre del pueblo que habitaba la zona.

TESALIA

Tesalia es una región de Grecia situada al sur del Olimpo. Fue famosa en la antigüedad por sus caballos y su caballería.

VIRGIL

Virgilio, cuyo nombre en latín era Publius Virgilius Maro, fue un poeta latino (70-19 a.C.).

Nacido en un modesto entorno rural, estudió en Roma antes de regresar a su provincia natal. Allí compuso las Bucólicas. Regresó a Roma, donde se convirtió en el protegido de Octavio (futuro Augusto) y publicó las Geórgicas. Fue un encargo de Augusto para devolver a los romanos el gusto por la agricultura. Convertido en poeta nacional, Virgilio canta a Augusto y a la grandeza romana en La Eneida. La Eneida es el espejo del destino romano, donde el pasado legendario ilumina el presente.

Los temas de las obras de Virgilio son la búsqueda de la armonía con la naturaleza, con las personas y con los dioses a través de la poesía, el trabajo y la historia.

Valaquia / Wallachia

Valaquia es la patria de Vlad IV el Empalador, conocido como el Conde de Dacula. Hoy está unida a Moldavia y estas dos regiones forman Rumanía.

Alejandro Magno

Nació en Pella en 356 a.C. y murió en Babilonia en 323 a.C. Era hijo de Filipo II y Olimpia y se convirtió en rey de Macedonia a los veinte años. Un año más tarde se convirtió en maestro de Grecia. Después conquistó Persia en 331 a.C. y fundó Alejandría tras conquistar Egipto en 331 a.C. Su imperio no tenía rival en el mundo conocido de la época. Tras su muerte en el 323 a.C., su imperio se derrumbó.

Antony

Marco Antonio fue un general romano nacido hacia el año 83 a.C. y fallecido en Alejandría en el año 30 a.C. Lugarteniente de César, formó triunvirato con Octavio y Lépido tras la muerte de este último. Derrotó a Bruto y Casio en Filipos, y obtuvo Oriente como parte. Se enamoró de Cleopatra VII, reina de Egipto, descuidando los intereses de Roma y de su esposa Octavia, hermana de Octavio. Octavio lo derrotó en Actium y sitiado en Alejandría, Marco Antonio se suicidó.

Aristóteles

Aristóteles es discípulo de Platón y filósofo griego. Es él quien relaciona el pensamiento de Platón y los conocimientos de la época. La Poética es una de estas obras. Estos métodos de observación y clasificación rigurosa han influido en Occidente desde su cristianización.

Attila

Atila nació alrededor del año 395 y murió en el 453. Fue el único líder de los hunos en el 45. Invadió y asoló los imperios de Oriente y Occidente. Tras evitar Lutecia, que había sido preparada para resistir por Santa Genoveva, fue arrestado cerca de Troyes en 451. En 452, devastó el norte de Italia y luego se retiró a Panonia a cambio de un tributo negociado con el papa León I.

César / Julio César

Cayo Julio César nació en Roma en el año 101 a.C. y murió allí en el 44 a.C. Nacido en el seno de una familia ilustre, ascendió sin problemas en el escalafón hasta formar un triunvirato con Pompeyo y Craso en el año 60 a.C. Fue elegido cónsul en el 59 y obtuvo el gobierno de Iliria, Galia y Narbona. Fue nombrado cónsul único por el Senado en el año 52. En el 49, Pompeyo le ordenó regresar a Roma sin su ejército y César cruzó el Rubicón con él y ocupó Italia. Pompeyo huyó y César lo persiguió hasta Egipto, donde entregó el trono a Cleopatra. Es el amo absoluto del imperio en el 44, es imperator, dictador y censor vitalicio. Gran general y actor político, son famosos sus escritos sobre la guerra (Sobre la guerra de las Galias...). Víctima de una conspiración patricia, fue apuñalado por Casio y Bruto en el Senado.

Cicero

Marco Tulio Cicerón nació en Arpinum en el año 106 a.C. y murió en Formies en el 43 a.C. Fue abogado, político, gran orador y filósofo. Contemporáneo de César, fue desterrado a Grecia en el año 58, pero en el 57 volvió al exilio y se puso del lado de César contra Pompeyo. A la muerte de César, se opuso a Antonio y logró su destitución.

Eurípides

Eurípides nació en Salamina en el 480 a.C. y murió en Macedonia en el 406 a.C. Fue un poeta trágico griego. Escribió más de 80 obras de teatro. Utiliza las leyendas antiguas pero, a diferencia de otros autores, las juzga y critica. Sus héroes ya no son el juguete de un destino ineluctable, sino las víctimas de pasiones violentas. Sus obras revelan una nueva concepción de la tragedia en la que prima el desarrollo de la trama.

Obispo Bonifacio

Nació en Devon en 675 y murió en Frisia en 754. Arzobispo, es el apóstol de Germania. Evangelizó Frisia y luego Germania (Baviera, Turingia y Hesse). En Hesse fundó la abadía de Fulda. Fue asesinado en Dokkum, en Frisia, en 754. Su cuerpo está enterrado en Fulda.

Justiniano

Flavius Petrus Sabbatius Justinianus nació en Tauresium en 482 y murió en Constantinopla en 565. Contó con la ayuda de su esposa Teodora y de sus generales Narses y Belisario. Defensor de la ortodoxia religiosa, afirmaba la omnipotencia del derecho romano. Construyó los grandes monumentos del arte bizantino: Santa Sofía de Constantinopla y San Apolinar de Rávena.

Marco Aurelio

Marco Aurelio Antonino nació en Roma en 121 y murió en Vindobona (Viena) en 180. Emperador romano de 161 a 180, luchó contra los partos y los germanos. Fue un hábil administrador y protector de las artes y las letras. Al principio tolerante con los cristianos, más tarde los hizo perseguir.

Nero

Nació en el 37 y murió en el 68. Hijo de Agripina la Joven, fue adoptado por el emperador Claudio cuando su madre se casó con él. Se convirtió en emperador en el 54. El comienzo de su reinado fue bien y luego mandó matar a quienes podrían haber desafiado su poder (su cuñado, su madre, su esposa, por nombrar sólo a algunos). Acusado de haber provocado el incendio de Roma, culpó a los cristianos, a los que comenzó a perseguir. En el 68, los pretorianos declararon emperador a Galba, Nerón abandonó Roma y a punto de ser capturado pidió a uno de sus seguidores que lo matara.

Rómulo Augústulo

Rómulo Augústulo nació en 461 y murió después de 476. Fue el último emperador romano de Occidente, del 475 al 476. Fue depuesto por el líder bárbaro Odoacre.

S.P.Q.R.

S.P.Q.R.: Senatus Populus Que Romanus; El Senado y el pueblo romano.
Este es el lema y emblema del Imperio Romano.

Salem

Salem es una ciudad de Estados Unidos, en Massachusetts. Es famosa por los Juicios de las Brujas de Salem de 1682. Este juicio acabó con la ejecución en la horca de 19 personas condenadas por brujería. Ahora se sabe que se trataba de denuncias calumniosas. La tragedia ocurrió a principios de 1692, en una región marcada por un invierno gélido, combates con los franceses y ataques recurrentes de los amerindios. La pequeña colonia británica que quedaba allí no tenía gobierno en aquel momento. Para garantizar el orden, la población se apoyaba en la religión.

Varias jóvenes, entre ellas dos de la familia del reverendo Samuel Parris, muestran un comportamiento extraño. Los médicos diagnostican posesión satánica. Las chicas denuncian a algunos de los habitantes como la causa de su comportamiento. Se les toma la palabra. Sigue una caza de brujas basada en denuncias y apariencias. En pocos meses, unas 80 personas, entre ellas muchas ancianas, fueron encarceladas para ser juzgadas. Durante el verano se celebraron una serie de pruebas. Siguieron tres oleadas de ahorcamientos, que costaron la vida a 19 personas. Unos años más tarde, en 1700, uno de los jueces reconoció públicamente su culpa y la de los demás miembros del jurado.

Agrippa

Henri-Corneille Arippa fue un médico y filósofo del siglo XVI, nacido en 1486 en Colonia y fallecido en 1535. Tuvo una carrera tormentosa con el principal receptor de Grenoble. A menudo encargado de negociaciones políticas, realizó numerosos viajes en los que tenía por costumbre "realizar trucos de su oficio de mago" (Vies des hommes illustres de Thevet). Gracias a estos estudios filosóficos conoció la magia y la alquimia. Su Filosofía Oculta presenta claras huellas de la teúrgia39.

Annie Chapman

Annie Chapman fue una de las víctimas de Jack el Destripador. Prostituta de profesión, su cuerpo fue encontrado el 8 de septiembre de 1888.

Dorian Gray

Dorian Gray es el personaje principal de la novela de Oscar Wilde El retrato de Dorian Gray (1891).
Las marcas de la vejez no golpean al apuesto Dorian Gray, sino sólo a su retrato, hasta que el eterno joven lacera el cuadro y muere en el proceso.

Dr. Jekyll

El Dr. Jekyll es el personaje principal de la novela de Rober-Louis Stevenson El Dr. Jekyll y el Sr. Hyde (1886).
El Dr. Jekyll, un respetable hombre de ciencia que trata de desvelar los secretos de la humanidad, fabrica una droga que le permitirá hacer realidad sus impulsos más secretos bajo otra forma carnal. Se convierte en un Sr. Edward Hyde de aspecto aterrador. Pero poco a poco, Jekyll se convierte sin querer en Hyde, hasta que Hyde finalmente le supera.

Dr. Frankenstein

Frankenstein es el personaje principal de la novela de Mary Shelley Frankenstein o el moderno Prometeo (1818).
Un científico, el Dr. Frankenstein, reconstruye un ser humano a partir de los restos de diferentes cuerpos, pero carece de la "chispa divina", y el monstruo se venga de esta dolencia.

DRÁCULA

- **HISTORIA**

El Conde Drácula es el sobrenombre de Vlad el Empalador. Príncipe de Valaquia en el siglo XV, era hijo de Vlad Dracul (por drac, diablo en rumano). Era un tirano y un guerrero cruel, pero en ningún caso un vampiro. Esta última cualidad se le atribuyó en relatos germánicos, rusos y rumanos inspirados en la mitología del vampirismo rumano.

- **FANTÁSTICO**

El Conde Drácula ha inspirado numerosas obras literarias y cinematográficas, entre ellas la novela homónima de Bram Stoker. En esta obra literaria de 1897, Vlad III, conde Dracul, descendiente de Gengis Kan (fundador del Imperio Mongol), es un vampiro portador del contagio del mal, unido al sadismo, en una Transilvania de pesadilla,

JACK EL DESTRIPADOR

Jack el Destripador es el seudónimo del infame asesino londinense de 1888. Hubo al menos cinco víctimas, todas prostitutas y todas en los alrededores de Whitechapel. Se le atribuyen una docena de asesinatos entre 1888 y 1892, pero sólo cinco están certificados: Mary Ann Nichols (encontrada el 31 de agosto de 1888), Annie Chapman (encontrada el 8 de septiembre de 1888),

Elizabeth Stride (encontrada el 30 de septiembre de 1888), Catherine Eddowes (encontrada el 30 de septiembre de 1888) y Mary Jane Kelly (encontrada el 9 de noviembre de 1888). Todos fueron asesinados mientras buscaban clientes en la calle.

Todos fueron encontrados destripados y eviscerados. Obviamente, el autor de estos crímenes atroces tenía conocimientos de anatomía.

La policía recibió varias cartas en las que se describían los asesinatos y se anunciaban otros futuros, firmadas Jack el Destripador. Aunque la policía empleó grandes recursos, no pudo detener al autor.

SR. HYDE

Mr. Hyde es el doble del Dr. Jekyll, de la novela de Robert-Louis Stevenson Dr. Jekyll y Mr. Hyde (1886).

Un pacífico médico (el Dr. Jekyll) descubre la droga que le permite desdoblarse en un monstruo de fealdad y crueldad que finalmente se apodera de él.

En inglés, Hide significa esconderse.

PROF. VAN HELSING

El profesor Abraham Van Helsing es un personaje de ficción creado por Bram Stoker en su famoso Drácula (1897).

Profesor distinguido y experto en enfermedades oscuras, es quien guiará a sus amigos en la caza de Drácula y lo destruirá.

Índice

Angel

- **MYTHOLOGIE ÉGYPTIENNE**
Anmet / Amsèt
Khopesh / Khepresh
Ma'at / Maât
Manjet
Mesektet / Meskhenèt
Meskhenèt
Mesektet
Râ
Semkhet / Sekhmèt
Seth
- **MYTHOLOGIE GRÉCO-ROMAINE**
Achille
Atlantis / Atlantide
Atlas
Éleusian / Éleusis
Élysée
Furies / Érinyes
Hécate
Némésis
Oracle de Delphes
Orphée
Pandore

Poséidon / Neptune
Pythia / Pythie
Titan
- **MYTHOLOGIE HINDOUE**
Amara / Amaravati
Dalaï-lama
Mohra / Moha
Shanshu
Shiva
- **MYTHOLOGIE JUDÉO-CHRÉTIENNE**
Adam
Anges
Apocalypse
Ascension
Bethléem
Bon Samaritain
Chevaliers de l'Apocalypse
David et Goliath
Diable / Satan
Éden
Ève
Judas Iscariot
Paradis
Saint Graal
Seth
Silas
- **PRINCIPES APPARAISSANT DANS PLUSIEURS MYTHOLOGIES**

Démon
Destin / Destinée
Enfer / Enfers
Fantôme / Revenant / Wraith
Génies / Djinn
Nécromancien
Oracle
Sorcière et Mage
Vampire
- **Autres mythologies**
Aura
Sabassis / Sabazios
Wicca
- **Géographie**
Amalfi
Illyria / Illyrie
Pétra
Stonehenge
Svear
- **Langue et écriture**
Blackthorn
Brachens
Bringers / Harbingers
Burrower
Cabale / Kabbale
Fiends
Grappler
Hacksaw
Haklar
Hesperus
Howler
Lubber
Reaper (the)
Scourge
Septus
Slog

Taumagenesis
Torto
Wolfram & Hart

 Mitología para frikis

Buffy

- **MYTHOLOGIES CHINOISE & HINDOUE**

Amara / Amaravati
Bouddha
Kali
Taraka
Vishnu
Démonologie
Asmodia / Asmodée
Baltazo / Balthazar
Eligor / Abigor
Hécate
Succubes / Incubes

- **MYTHOLOGIES ÉGYPTIENNE & MÉSOPOTAMIENNE**

Ishtar
Moloch
Osiris
Sobek
Thot

- **MYTHOLOGIE JUDÉO-CHRÉTIENNE**

Abel
Adam
Anges
Apocalypse
Arche de Noé
Armageddon
Ascension
Caïn
Caleb
Cassiel
Diable / Satan
Éden
Jesekel / Ézéchiel
Paradis
Péchés
Saint Graal
Sang de l'agneau

- **AUTRES MYTHOLOGIES**

Arthur (Roi)
Excalibur
Graal
Vaudou
Wicca

- **PRINCIPES APPARAISSANT DANS PLUSIEURS MYTHOLOGIES**

Démon
Destin / Destinée
Enfer / Enfers
Fantôme / Revenant
Génies / Djinn
Pentagramme
Sirènes
Sorcière et Mage
Vampire

- **LÉGENDE ET FANTASTIQUE**

Bézoard
Goule
Leprechaun
Loup-garou
Sirène
Sorcière
Troll

Vampire
Zombie

Charmed

Le Hobbit

Nain
Elfe
Sorcier
Nécromancien
Troll
Gobelin
Dragon
Géant
Ours / Beorn
Cerf
Corbeau

Lucifer

- **GRÉCO-ROMAINE**

Athéna / Minerve
Cassandre / Cassandra
Centaure
Cupidon / Éros
Œdipe
Pégasus – Pégase

- **JUDÉO-CHRÉTIENNE**

Abel
Adam
Ange
Archange Gabriel
Azrael
Buisson ardent
Caïn
Canaan
Delilah
Démon
Dieu
Éden
Enfer
Ève
Fils prodigue
Lucifer / Satan / Belzebuth / Diable
Lilith
Nephilim
Noé
Pacte avec le diable
Paradis
Péché
Remiel

Penny Dreadfull

Démon
Enfer
Fée
Fin des temps
Sirène
Sorcière & Chaman
Vampire

- **Autres mythologies, Plantes & Symboles**

Celtique
Macha
Tristan & Yseult
Égyptienne
Amoun / Amoun-Ra
Amunet / Amonèth
Imhotep
Livre des Morts
Mut / Mout
Ra
Plantes
Belladone / Herbe du diable
Lys
Mandragore
Animaux
Loup
Scorpion
Serpent
Symboles
Pentagramme
Autre
Kali
Vaudou

- **Créatures fantastiques**

Dragon

Fantôme
Fée
Goule
Griffon
Lilliputien
Loup-garou
Sirène
Sorcière
Vampire

- **Personnages fictifs et historiques**

Annie Chapman
Dorian Gray
Dr Jekyll
Dr Frankenstein
Dracula
Jack l'Éventreur
Mr. Hyde
Prof. Van Helsing

Super-natural

Harmonie
Harpie
Héra
Hercule
Hesperus / Hespérides
Lamia
Méduse
Mercure / Hermès
Minotaure
Moires / Parques / Fates
Muse
Nymphe
Œdipe
Olympiens
Pan
Pandore
Pirus / Pyrrhus
Prométhée
Satyre
Thanatos
Titan
Vesta / Hestia
Zeus

- **MYTHOLOGIE HINDOUE**

Amara
Buddha
Daeva / Deva
Ganesh / Ganesha
Indra
Kali
Krishna
Rakshasa
Tulpa

- **MYTHOLOGIE JAPONAISE ET SHINTOÏSTE**

Baku
Bisaan / Basan
Buruburu
Katako
Kitsune
Okami
Shojo

- **MYTHOLOGIE JUDÉO-CHRÉTIENNE**

666
Aaron
Abel
Abraham
Abramelin
Adam
Ange / Mal'ak
Antéchrist
Apocalypse
Archange
Archange (Gabriel)
Archange (Michael)
Archange (Raphaël)
Arche d'alliance
Arche de Noé
Armageddon
Azael
Azariel
Babylone
Balthazar
Barthélémy
Buisson ardent
Caïn
Cavalier de l'Apocalypse
Cherubin
Christ / Jésus-Christ
Crosscroad Demon / Pacte

Mitología para frikis

Pentagramme
Ouroboros
Sulfure
Baron Samedi
Goofer dust
Vaudou
Acheri
Anansi
Angélique
Angiak
Dreamwalker
Qareen
Mandragore
Wicca

- **PRINCIPES APPARAIS-SANT DANS PLUSIEURS MYTHOLOGIES**

Arbre de vie
Chaman
Chien de l'enfer / Hellhound
Démon
Djinn / Génie
Enfer
Fantôme (spectre, ectoplasme, wraith…)
Fée
Fontaine de jouvence
Nécromancien
Prophète
Sirènes
Sorcière
Vampire

- **LÉGENDE ET FANTAS-TIQUE**

Alien
Baba Yaga
Banshee
Basilic
Belsnickel
Grinch
Krampus
Père Fouettard
Black Petu / Zwarte Piet
Père Noël
St Nicolas
Boggart
Boogeyman
Brownie
Cercle de culture / Crop cercle
Changeling
Crocotta
Dame blanche
Dixie / Pixie
Dragon
Elfe
Fée
Gnome
Goule
Kraken
Hobbit
Le Hollandais Volant
Le scorpion et la grenouille.
Rendez-vous à Samarra
Le petit peuple
Leprechaun
Léviathan
Licorne
Loup-garou (Werewolf, Lycanthrope, homme-loup)
Monstre du Loch Ness
Mylings

Mitología para frikis

TeenWolf

- **MYTHOLOGIE CELTIQUE**
Banshee
Black Shuck
Druide
Morrigan
Nemeton
Sluagh
Wild Hunt / Chasse infernale
- **MYTHOLOGIE GERMANO-SCANDINAVE**
Balder
Berserks
Fenris / Fenrir
Frigg
Garmr
Loki
Odin
- **MYTHOLOGIE GRÉCO-ROMAINE**
Actaeon / Actéon
Apollon
Artémis / Diane
Cerbère
Deucalion
Furies / Érinyes
Hercule / Héraclès
Lycaon
Méduse
(Sans titre)

Œdipe
Orestes
Prométhée
Thalia / Thalie
Titan
Zeus / Jupiter
- **PLANTES**
Aconit
Armoise
Chêne
Gui
Miel
Reishi
Sorbier
Obsidienne
- **PRINCIPES APPARAISSANT DANS PLUSIEURS MYTHOLOGIES**
Démons
Enfer
Fontaine de jouvence
Sirène
Sorcière
- **AUTRES MYTHOLOGIES, SYMBOLES ET LANGUE**
Anuk-ite / Anog Ite (Femme Double-Face)
Aura
Belzébuth
Caleb
Diable / Satan …
Garuda
Kali
Kitsune / Kitsunebi / Kitsinetsuki
Nogitsune

TrueBlood

Elijah
Ève
Exorcisme
Hallelujah / Alleluia
Jean-Baptiste
Jéhovah
Jésus-Christ / Le Messie
Job
Judas Iscariot
Lazare
Lillith
Livre des révélations
Marie
Marie de Béthanie
Marie-Madeleine / Marie de
Magdala
Moïse
Paradis
Péchés
Résurrection
Roi de Sheeba
Salomon
Reine de Sheeba
Salomé
Salvation
Sodome
St Esprit
St Graal
St Marc
St Paul
St Pierre

- **PRINCIPES APPARAISSANT DANS PLUSIEURS MYTHOLOGIES**

Démon
Enfer

Fée
Sorcière
Vampire

- **AUTRES**

Ellyllon
Leprechaun
Mab / Reine Mab
Pixies
Samhain
Anubis
Isis
Aegir
Ran
Valhalla
Ashram
Bodhisattva
Buddha
Gandhi
Kali
Karma
Nirvana
Agrippa
Cléopâtre
Comte Dracula
Salem
Angélique
Chêne
Jaguar
Loup
Sel
Serpent
Chango
Tonantzin
Vaudou
Yemaya
Abracadabra

The Sandman

rant
Jack l'éventreur
William Shakespeare
Dreamwalker / Marcheur de rêves
Némésis
Boogeyman / Croque-mitaine
Azazel
La cité d'argent
Calliope
Bézoard
Muses
Homère
Zeus
Mont Hélicon
Camanae / Camènes
Hadès
Orpheus / Orphée
Oneiros

Stargate

- **MYTHOLOGIE ÉGYPTIENNE**

Abydos
Alexandrie
Amon
Amonèth
Anubis
Apophis
Bastet
Gizeh
Harcésis / Horsaïsis
Hathor
Héliopolis
Horus – Heru'ur
Imhotep
Ishta / Ishtar / Astarté
Isis
Nefertum
Osiris
Qadesh / Quetesh
Râ / Rê
Sekhmèt
Seth
Sobek
Sokar
Thot

- **MYTHOLOGIE MÉSOPOTAMIENNE /BABYLONIENNE**

Astarté / Ishtar
Ba'al / Belus
Babylon
Ishkur

Marduk
Moloch
Mot
Oannes / Anou
Omoroca / Tiamat
- **Mythologie gréco-romaine**
Achille
Amazones
Aphrodite
Arès
Argos
Athéna
Atlantis – Atlantide
Cassandre – Cassandra
Cassiopée
Cérès – Déméter
Clio
Cronos
Dédalus – Dédale
Egéria – Egérie
Erebus – Erèbe
Grace
Hadès
Héra
Icarus – Icare
Janus
Latona / Anciens / Lantian
Morphée
Némésis
Nox / Nyx
Odyssée
Orphée
Pandore / Boîte de Pandore
Pégasus – Pégase
Pélops
Poséidon
Prométhée
Tantale
Tartare
Typhon
Zeus
- **Mythologie germano-scandinave**
Asgards
Biliskner / Bilskirnir
Freyia
Freyr
Heimdall
Hermod – Hermiod
Kvasir
Loki
Midgard / mur de Midgard
Odin
Othala / Odal
Ragnarok / Crépuscule des puissants
Thor
Valhalla
Valkyries
- **Mythologie celtique**
Camulus – Camulos
Grannus – Grannos
Mahg Mar (Porte)
Morigane
- **Mythologie arthurienne**
Arthur (Roi)
Avalon
Camelot
Chevalier noir

Escalibur
Galaad
Graal / Saint Graal
Guenièvre
Merlin
Mordred
Morgane la fée / Morgane le Fay
Perceval

- **MYTHOLOGIE JUDÉO-CHRÉTIENNE**

1er commandement
Archange St Michel
Arche de vérité – Arche d'alliance
Ascension
Chevaliers de l'Apocalypse
David et Goliath
Diable – Satan – Belzébuth
Dieu
Lazare
Loi du Talion
Salomon

- **AUTRES MYTHOLOGIES**

Amaterasu
Chalchiuhtlicue
Kali
Nirrti / Nirriti
Olokum / Olokun
Quetzalcoatl
Svarog
Telchac / Chac / Tlaloc
Yu / Yu le Grand
Zipacna

- **PRINCIPES APPARAISSANT DANS PLUSIEURS MYTHOLOGIES**

Enfer / Enfers
Fontaine de jouvence
Oma Desala – Mère Nature
Ori - Feu
Pierre de sang – Pierre philosophale
Histoire, architecture
Botany Bay
Brutus
Clef de voûte
Cléopâtre
Dakara
Glastonbury
Julius – Julia
Korolev
Lantian / Latona / Anciens
Ma'chello – Machiavel
Néron – Nérus
Stonehenge

Bibliografía

- Encyclopédie du fantastique et de l'étrange l'intégrale, B. Bottet, éd. Casterman, 2008
- La Mésopotamie,Ascalone E.,éd. Hazan,2006.
- Petit Dictionnaire des Dieux Egyptiens,Blottière A.,éd. Zulma,2000.
- Dictionnaire Infernal, J.A.S. Collin de Plancy, ed. Plon, 1863
- Dictionnaire Encyclopédique - Édition 2000 ,Collectif,éd. Hachette,1999.
- Le petit Larousse des Mythologies du Monde,Collectif,éd. Larousse,2011.
- Enciclopedia de Mitología,Colectiva,ed. le livre séquoia,1962
- Petit Larousse des Symboles,Collectif,éd. Larousse,2006.
- L'Atlas des civilisations anciennes,Collectif,éd. Atlas,2003.
- Mythes et Dieux de l'Inde,Daniélou A.,éd. Flammarion,1992.
- Nouveau Dictionnaire de Mythologie Egyptienne ,Franco I.,éd. Pygmalion,1999.
- Diccionario de Mitología,Grand M. & Hazl J.,ed. Texto,2010.
- A Dictionary of Celtic Mythology, J. MacKillop, ed. Oxford !reference, 1998
- Petit Dictionnaire du Monde Arthurien,Minary R. & Moorman C.,ed. Terre de Brume,1996.
- Dictionare des Yokai, S. Mizuki, ed. Pika, 2015
- Diccionario de mitología celta,Persigout J.-P.,ed. Imago,2009.
- Dictionnaire des Mythologies,Philibert M.,éd. Maxi-poche Références,1998.
- Dictionnaire de l'Archéologie,Rachet G.,éd. Robert Laffont,1983.
- Dictionnaire des Religions ,Thibaud R.-J.,éd. Maxi-poche Références,2000.
- Dictionnaire de Mythologie et de Symbolique Celte,Thibaud R.-J.,éd. Devry Poche,1995.
- Dictionnaire de Mythologie Arthurienne,Walter P.,éd. Imago,2014.
- Dictionnaire des noms de divinités, Mathieu-Colas M., 2013.

- Quién es quién en la mitología no clásica, Skyes E., ed; Rout-
ledge , 2014

Filmografía

Supernatural
Buffy the vampire slayer
Angel
Charmed
Penny Dreadfull
TeenWolf
Trueblood
The Sandman
The Hobbit
Stargate (SG-1, Atlantis, Universe)
Harry Potter
Lucifer